essentials

Essentials liefern aktuelles Wissen in konzentrierter Form. Die Essenz dessen, worauf es als „State-of-the-Art" in der gegenwärtigen Fachdiskussion oder in der Praxis ankommt. *Essentials* informieren schnell, unkompliziert und verständlich

- als Einführung in ein aktuelles Thema aus Ihrem Fachgebiet
- als Einstieg in ein für Sie noch unbekanntes Themenfeld
- als Einblick, um zum Thema mitreden zu können

Die Bücher in elektronischer und gedruckter Form bringen das Fachwissen von Springerautor*innen kompakt zur Darstellung. Sie sind besonders für die Nutzung als eBook auf Tablet-PCs, eBook-Readern und Smartphones geeignet. *Essentials* sind Wissensbausteine aus den Wirtschafts-, Sozial- und Geisteswissenschaften, aus Technik und Naturwissenschaften sowie aus Medizin, Psychologie und Gesundheitsberufen. Von renommierten Autor*innen aller Springer-Verlagsmarken.

Johannes Wolf

Neuausrichtung von Wirtschaftsmodellen bzw. Ökonomieschulen

Ein Beitrag zur Wirtschaftstransformation

Johannes Wolf
Distance-learning University of Applied Sciences
HFH · Hamburger Fern-Hochschule
Hamburg, Deutschland

ISSN 2197-6708　　　　　　ISSN 2197-6716　(electronic)
essentials
ISBN 978-3-658-48248-0　　　ISBN 978-3-658-48249-7　(eBook)
https://doi.org/10.1007/978-3-658-48249-7

Die Deutsche Nationalbibliothek verzeichnet diese Publikation in der Deutschen Nationalbibliografie; detaillierte bibliografische Daten sind im Internet über https://portal.dnb.de abrufbar.

© Der/die Herausgeber bzw. der/die Autor(en), exklusiv lizenziert an Springer Fachmedien Wiesbaden GmbH, ein Teil von Springer Nature 2025

Das Werk einschließlich aller seiner Teile ist urheberrechtlich geschützt. Jede Verwertung, die nicht ausdrücklich vom Urheberrechtsgesetz zugelassen ist, bedarf der vorherigen Zustimmung des Verlags. Das gilt insbesondere für Vervielfältigungen, Bearbeitungen, Übersetzungen, Mikroverfilmungen und die Einspeicherung und Verarbeitung in elektronischen Systemen.
Die Wiedergabe von allgemein beschreibenden Bezeichnungen, Marken, Unternehmensnamen etc. in diesem Werk bedeutet nicht, dass diese frei durch jede Person benutzt werden dürfen. Die Berechtigung zur Benutzung unterliegt, auch ohne gesonderten Hinweis hierzu, den Regeln des Markenrechts. Die Rechte des/der jeweiligen Zeicheninhaber*in sind zu beachten.
Der Verlag, die Autor*innen und die Herausgeber*innen gehen davon aus, dass die Angaben und Informationen in diesem Werk zum Zeitpunkt der Veröffentlichung vollständig und korrekt sind. Weder der Verlag noch die Autor*innen oder die Herausgeber*innen übernehmen, ausdrücklich oder implizit, Gewähr für den Inhalt des Werkes, etwaige Fehler oder Äußerungen. Der Verlag bleibt im Hinblick auf geografische Zuordnungen und Gebietsbezeichnungen in veröffentlichten Karten und Institutionsadressen neutral.

Springer Gabler ist ein Imprint der eingetragenen Gesellschaft Springer Fachmedien Wiesbaden GmbH und ist ein Teil von Springer Nature.
Die Anschrift der Gesellschaft ist: Abraham-Lincoln-Str. 46, 65189 Wiesbaden, Germany

Wenn Sie dieses Produkt entsorgen, geben Sie das Papier bitte zum Recycling.

Was Sie in diesem *essential* finden können

- Einen Überblick über bedeutende Wirtschaftsmodelle
- Eine Analyse der heute in der Praxis vorzufindenden ökonomischen Systeme
- Schlussfolgerungen für ein neu ausgerichtetes Wirtschaftsmodell und für die Wirtschaftstransformation

Vorwort und Danksagungen

Verschiedene Wirtschaftsmodelle bzw. Ökonomieschulen sind in ihren Ausrichtungen z. T. sehr kontrovers und legen voneinander stark abweichende Ordnungen nahe. Ein wesentlicher Streitpunkt liegt in der Eingriffsintensität des Staats in die Gestaltung und Abläufe der Ökonomie. Klassischer Liberalismus und Neoliberalismus setzen auf weitgehend unregulierte Marktkräfte. Staatliche Einflussnahme auf die Ökonomie ist hingegen im Keynesianismus und in der Sozialen Marktwirtschaft ein maßgeblicher Faktor.

Die heute vorzufindenden Wirtschaftssysteme tragen i. d. R. neoliberale Züge, andererseits tritt auch der Staat als bedeutsamer Akteur auf. Zugleich sind die Systeme durch erhebliche Defizite gekennzeichnet, zu denen u. a. ökologische Belastungen sowie Einkommens- und Vermögenskonzentration gehören. Aus diesen Schwächen werden Schlussfolgerungen für ein neu ausgerichtetes Wirtschaftsmodell und für die Wirtschaftstransformation abgeleitet und zur Diskussion gestellt.

Im Zusammenhang mit der Erstellung dieser Abhandlung gebührt zahlreichen Personen Dank. Davon seien an dieser Stelle zwei hervorgehoben:

Hubertus Busche, deutscher Philosoph und Professor i. R. der Fernuniversität in Hagen, der durch seine ausführliche Stellungnahme zu dem Manuskript äußerst wertvolle Hinweise aus der tiefen Kenntnis der philosophischen Perspektive und einem gehörigen Maß an ökonomischem Sachverstand eingebracht hat.

Auch die Fernuniversität betreffend, aber „etwas" weiter zurückreichend mein Doktorvater, Herr Prof. Dr. Dr. h. c. Günter Fandel, für die vielfältigen Anleitungen zum „ordentlichen" wissenschaftlichen Arbeiten.

Johannes Wolf

Inhaltsverzeichnis

1 Wirtschaftsmodelle in ihrer historischen Entwicklung 1
   1.1 Kurzcharakterisierung der großen Gegensätze 2
       1.1.1 Sozialismus, Kommunismus 2
       1.1.2 Marktwirtschaft, Kapitalismus 3
   1.2 Formationen von Marktwirtschaft und Kapitalismus 3
       1.2.1 Klassischer Liberalismus 3
       1.2.2 Neoliberalismus 6
       1.2.3 Keynesianismus 8
       1.2.4 Soziale Marktwirtschaft 10

2 Kritische Betrachtung der heute in der ökonomischen Realität vorzufindenden Systeme 11
   2.1 Neoliberale Züge der heutigen Systeme 13
   2.2 Freiheit 15
   2.3 Verhalten von Individuen 16
   2.4 Märkte in der Realität 18
   2.5 Internationaler Kontext – das globale Gefüge von reicheren und ärmeren Ländern 22
   2.6 Ökologische Belastungen 24
   2.7 Einkommens- und Vermögenskonzentration 25
   2.8 Die Rolle des Staats in den heutigen Systemen 26
   2.9 Zusammenfassende Beurteilung der heutigen Systeme 29

3	Schlussfolgerungen für ein neu ausgerichtetes Wirtschaftsmodell ...	31
	3.1 Sozialvertrag als Basis	32
	3.2 Vielfältiges System	34
	3.3 Dezentrale Marktorganisation	35
	3.4 Fairness im globalen Gefüge von reicheren und ärmeren Ländern	36
	3.5 Bedeutende Rolle des Staats	36
4	**Schlussfolgerungen für die Wirtschaftstransformation**	41
	4.1 Praxistransfer eines neu ausgerichteten Wirtschaftsmodells	41
	4.2 Reduzierung der ökologischen Belastungen	42
	4.3 Reduzierung exzessiver ökonomischer Ungleichheiten	43
	4.4 Weitere Konsequenzen für eine erfolgreiche Wirtschaftstransformation	44
5	**Zusammenfassung und ergänzende Aspekte**	47

Was Sie aus diesem *essential* mitnehmen können 49

Literatur 51

Stichwortverzeichnis 55

Über den Autor

Prof. Dr. Johannes Wolf

Geb. 20. Januar 1955 in Hagen. Studium der Volks- und Betriebswirtschaftslehre an der Universität zu Köln, Abschluss Dipl.-Kfm. Promotion an der Fernuniversität in Hagen in der Zeit der Ölpreisschocks über die heute wieder herausfordernde Thematik „Industriebetriebliche Energienutzung und Produktionsplanung". 15 Jahre berufliche Tätigkeiten in der Industrie und Unternehmensberatung, vornehmlich im Bereich IT. Seit 2003 Hochschulprofessuren: 2003 bis 2012 an der Europäischen Fachhochschule, Brühl, Gründungsdekan des Fachbereichs Logistikmanagement. Seit 2012 bis heute an der HFH · Hamburger Fern-Hochschule, Hamburg, Professur für Betriebswirtschaft am Fachbereich Wirtschaft und Recht. Von 2013 bis 2020 zusätzlich Kanzler der HFH.

U. a. Autor der Bücher:

- Wirtschaftstransformation, Springer Gabler 2023.
- Economic Transformation, Springer Gabler 2024.
- Wirtschaftstransformation, 2. Aufl., Springer Gabler 2025.

E-Mail: wolf.science@t-online.de

Wirtschaftsmodelle in ihrer historischen Entwicklung 1

In diesem Beitrag erfolgt jeweils ein **Perspektivwechsel zwischen der (anwendungsorientierten) Theorie und der Praxis:** Zunächst werden als *theoretische Gedankengebäude* wesentliche, in der Vergangenheit ausgearbeitete Wirtschaftsmodelle bzw. Ökonomieschulen in ihren Grundzügen dargestellt. Anschließend widmen wir uns der Fragestellung, welche Systemausprägungen und Schwachstellen heute *in der Praxis* anzutreffen sind. Daraus werden dann Schlussfolgerungen gezogen: zum einen für neu ausgerichtete Modelle bzw. Schulen und zum anderen für die Transformation der ökonomischen Realität.

Der Identifizierung heutiger ökonomischer Defizite und der darauf aufbauenden Ableitung von Anpassungsbedarf liegt die Bestrebung zugrunde, konsequent und in sich schlüssig vorzugehen. Es soll aber **kein Anspruch auf Überparteilichkeit der Aussagen** gestellt werden. Dieser würde ungerechtfertigt sein. Die Überlegungen dürften eher von dem „progressiven" bzw. „linken" politischen Spektrum geteilt werden als von dem „rechten" oder „konservativen" Flügel. Anders und anhand von Beispielgruppen konkreter gefasst werden die Gedanken mit den Intentionen der Lobby fossiler Energieträger oder der meisten ökonomisch sehr Privilegierten nicht harmonieren. Wenn also im Folgenden Attribute wie „neu ausgerichtet", „angepasst" oder „zeitgemäß" im Zusammenhang mit ökonomischen Modellen oder der ökonomischen Realität verwendet werden, so soll damit die Überzeugung des Autors, aber kein überparteilicher Geltungsanspruch zum Ausdruck kommen.

In diesem ersten Kapitel werden einige **grundlegenden Wirtschaftsmodelle** bzw. Ökonomieschulen vorgestellt. Dies erfolgt, ohne Vollständigkeit der einbezogenen Architekturen anzustreben. So sind vornehmlich marktwirtschaftliche Konzepte Gegenstand der Betrachtung. Außerdem besteht hier nicht die Absicht, die Nuancen- und Strömungsvielfalt der Schulen möglichst umfassend herauszuarbeiten. Vielmehr sollen die Wesensmerkmale verdeutlicht werden, die letztlich entscheidende Schlussfolgerungen für erforderliche Anpassungen dieser Gedankengebäude und für die Wirtschaftstransformation gestatten.

1.1 Kurzcharakterisierung der großen Gegensätze

Zur Orientierung im Gesamtzusammenhang werden zunächst einige ökonomisch-politisch-gesellschaftliche Modelle und die damit verbundenen Begriffe eingeordnet bzw. abgegrenzt, für die im Folgenden keine separate, nähere Behandlung erfolgt. So sollen auch die unscharfen und oft wertend eingesetzten Begrifflichkeiten des Sozialismus und des Kapitalismus hier nur kurz umrissen werden.

1.1.1 Sozialismus, Kommunismus

Sozialismus ist eine Sammelbezeichnung für Gesellschaftsentwürfe und darauf fußende Wirtschaftssysteme mit den Idealen von Gleichheit, Solidarität und Gerechtigkeit. Thomas Piketty beispielsweise verwendet für die von ihm skizzenhaft dargelegte Ordnung den Begriff „demokratischer Sozialismus" (Piketty, 2022, S. 166 f. und 226). Piketty's Gedanken bringen einen ganz wesentlichen Erkenntnisfortschritt, werden aber nicht als eigene Schule gewertet und kommen daher hier nicht als solche zur Sprache.

Beim **Kommunismus** als Ansatz eigener Prägung steht die „Ausbeutung der Arbeiterklasse" und die Notwendigkeit, diesen Missstand zu bekämpfen, im Zentrum des Ansatzes.

Als typisches *Mittel* zur Erreichung der sozialistischen bzw. kommunistischen Ideale wird i. d. R. die **Zentralverwaltungswirtschaft** betrachtet. Sie stellt darauf ab, dass eine zentrale staatliche Instanz die ökonomischen Prozesse plant und koordiniert. In der reinen Ausprägung ist nur ein Planträger vorhanden.

Die Ansätze des Sozialismus, des Kommunismus und der Zentralverwaltungswirtschaft werden nicht als maßgebende Leitbilder der erforderlichen Wirtschaftstransformation angesehen und daher in diesem Zusammenhang nicht weiter behandelt.[1]

---

[1] Selbstverständlich können aber einzelne Überlegungen aus den Gedankengebäuden des Sozialismus, des Kommunismus oder der Zentralverwaltungswirtschaft interessante Gesichtspunkte beisteuern.

1.1.2 Marktwirtschaft, Kapitalismus

Marktwirtschaft setzt im Unterschied zur Zentralverwaltungswirtschaft auf dezentrale Planung und Lenkung der ökonomischen Prozesse und eine Koordinationsfunktion der Preise. Anders ausgedrückt handelt es sich um ein System, in dem die Information über die Knappheit von Gütern durch die Preise vermittelt wird.

Der Begriff **Kapitalismus** steht ganz allgemein gesagt für eine Wirtschaftsordnung mit dominierendem Privateigentum an den Produktionsmitteln und dezentraler Planung des Wirtschaftsgeschehens. Große Teile der Ökonomie sind dabei in der Hand von gewinnorientierten Unternehmen. Das weite Interpretationsfeld des Terminus wird ebenfalls nicht vertieft.

Joseph E. Stiglitz verwendet für das von ihm vorgeschlagene und in dieser Abhandlung als zeitgemäß eingeordnete Wirtschaftsmodell den Begriff „progressiver Kapitalismus". Damit bringt er zum Ausdruck, dass in seinem Arrangement große Teile der Wirtschaft in privater Hand sind. Stiglitz fasst den Wortbestandteil „Kapital" weit und schließt u. a. auch das *natürliche Kapital* als Grundlage der Ökonomie ein (Stiglitz, 2024, S. 277).

Im Folgenden werden vier heute stark diskutierte Wirtschaftsmodelle näher vorgestellt, die den Grobkategorien der Marktwirtschaft und des Kapitalismus zuzuordnen sind. Diese sind der klassische Liberalismus, der Neoliberalismus, der Keynesianismus und die Soziale Marktwirtschaft.

1.2 Formationen von Marktwirtschaft und Kapitalismus

1.2.1 Klassischer Liberalismus

Im Jahr 1776, d. h. in der Zeit des Beginns der industriellen Revolution, veröffentlichte Adam Smith sein Werk „An inquiry into the nature and causes of the wealth of nations" (Smith, 1776). Er ist neben anderen wie David Ricardo oder John Stuart Mill zu den Verfechtern eines Wirtschaftsmodells zu zählen, das unter der Bezeichnung **„Klassischer Liberalismus"** bekannt ist. Die gerade genannten Ökonomen stehen dabei für unterschiedliche Ausprägungsformen dieser ökonomischen Schule (Stiglitz, 2024, S. 23). Hier soll vornehmlich auf die Einsichten von Adam Smith Bezug genommen werden, die noch heute eine große Bedeutung für die Wirtschaftswissenschaften haben. Dieser Philosoph und Ökonom wird u. a. als „Founding father of economics" bezeichnet (Samuelson &

Nordhaus, 2010, S. 30; vgl. auch Mankiw, 2020, S. 8). Seine Gedanken werden von Verfechtern des Neoliberalismus für ihre Argumentation herangezogen – zum Teil „sehr frei" bzw. aus dem Zusammenhang herausgelöst.

Aus dem folgenden Zitat von Adam Smith lässt sich schon Wesentliches über die Ausrichtung seines Ansatzes herauslesen:

> „It is not from the benevolence of the butcher, the brewer, or the baker that we expect our dinner, but from their regard to their own interest" (Smith, 1776, Book I, Chapter II).

Demnach führt das Eigeninteresse der arbeitsteiligen ökonomischen Akteure zu einer guten Versorgung und trägt zum Wohlergehen der Gesellschaft bei. Weitere Kerngedanken dieses Konzeptes haben zum Inhalt, dass Freiheit zur Produktion und zum Handel gewährleistet werden und der Staat sich in seinem Engagement beschränken soll, und zwar insbesondere auf die Verteidigung der Bürger und deren Eigentum sowie die Sicherstellung von Recht und Gerechtigkeit. (Größere) staatliche Interventionen in den Wirtschaftsablauf und stringente staatliche Regulationen seien dem Wohlstand nicht förderlich. Der Markt koordiniere Angebot und Nachfrage, ohne dass es hierfür eines zentralen Plans bedürfe. **Die unsichtbare Hand des Marktes** – „invisible hand" – stelle eine gute Versorgung sicher. Die Metapher der „unsichtbaren Hand" erlangte einen großen Bekanntheitsgrad und wird sehr häufig zitiert.

Adam Smith ergänzte und relativierte seine Auffassung zum Eigeninteresse der Anbieter auf den Märkten und zur Freiheit der Märkte jedoch in vielfacher Hinsicht. Da dies bei dem Rückgriff auf seine Gedanken häufig vernachlässigt wird, sollten wir uns einige seiner **wichtigen Zusatzaussagen** vor Augen führen:

> **Differenzierende Aussagen von Adam Smith zur Eigennutzzentrierung der Menschen und zur Freiheit der Märkte**
> Smith unterstellte die **Eigennutzorientierung der Individuen,** allerdings nicht in dem rigiden Sinn der Konstruktion des „Homo oeconomicus", des konsequent eigennutzmaximierenden Wirtschaftssubjekts:
>> „How selfish soever man may be supposed, there are evidently some principles in his nature, which interest him in the fortune of others, and render their happiness necessary to him, though he derives nothing from it, except the pleasure of seeing it" (Smith, 1759, Part I, Section I, Chapter I).

Außerdem äußerte er zu den psychologischen Eigenschaften der Menschen: „Humanity, justice, generosity, and public spirit, are the qualities most useful to others" (Smith, 1759, Part IV, Chapter II).

Die heutigen Verhaltenswissenschaften bekräftigen den vielschichtigen Charakter der Menschen, der den Bezug auf die Belange anderer einschließt und die Vorhersage des (ökonomischen) Verhaltens zu einer schwierigen Aufgabe macht.

Smith war sich auch bewusst, dass für gewöhnlich **Asymmetrien in der Marktmacht** zwischen Unternehmern und Arbeitnehmenden auftreten:

„What are the common wages of labour, depends every where upon the contract usually made between those two parties, whose interests are by no means the same. ... It is not, however, difficult to foresee which of the two parties must, upon all ordinary occasions, have the advantage in the dispute, and force the other into a compliance with their terms." (Smith, 1776, Book I, Chapter VIII).

Er erkannte in diesem Zusammenhang an, dass Regulierung die Balance verbessern kann:

„When the regulation, therefore, is in favour of the workmen, it is always just and equitable; but it is sometimes otherwise when in favour of the masters." (Smith, 1776, Book I, Chapter X, Part II).

Er stellte die Neigung von Unternehmen zu **wettbewerbseinschränkendem Verhalten** heraus:

„People of the same trade seldom meet together, even for merriment and diversion, but the conversation ends in a conspiracy against the publick, or in some contrivance to raise prices." (Smith, 1776, Book I, Chapter X, Part II).

Er brachte ein tiefes **Misstrauen bezüglich der Übereinstimmung von Unternehmerinteressen und öffentlichen Interessen** zum Ausdruck und riet eindringlich zur Vorsicht davor, die **Unternehmerschaft als Berater für die Politik** in Anspruch zu nehmen. Die folgende Äußerung wirkt fast etwas überzeichnend:

„The interest of the dealers, however, in any particular branch of trade or manufactures, is always in some respects different from, and even opposite to, that of the publick. ... The proposal of any new law or regulation of commerce which comes from this order, ... ought never to be adopted till after having been long and carefully examined, ... with the most suspicious attention. It comes from an order of men, ... who have generally an interest to deceive and even to oppress the publick" (Smith, 1776, Book I, Chapter XI, Part III).

Die Auflistung **differenzierender Aussagen** von Adam Smith über die Verhaltensweisen von Marktteilnehmern und die Funktionsweise von Märkten lässt sich fast beliebig fortsetzen. Diese Ansichten **muss man einbeziehen,** wenn man sich auf ihn beruft. Er lässt sich kaum so interpretieren, dass möglichst freie Märkte bei reiner Eigennutzzentrierung der Wirtschaftssubjekte zu den besten Ergebnissen für die Gesellschaft führen. „Laissez-faire"-Theorien lassen sich letztlich nicht durch Berufung auf Adam Smith begründen.

1.2.2 Neoliberalismus

Etwa 170 Jahre nach Erscheinen des richtungweisenden Werkes von Adam Smith bildete sich in den 1940er Jahren das Gedankengebäude des **„Neoliberalismus"** heraus. Wesentliche Vordenker und Verfechter sind Friedrich Hayek und Milton Friedman (Hayek, 1994 (Erstausgabe 1944); Friedman, 1982 (Erstausgabe 1962)). Der Begriff „Neoliberalismus" wurde z. B. von Friedman selbst verwendet (Friedman, 1951). Für Arbeiten im Zusammenhang mit diesem Wirtschaftsmodell wurden verschiedene Alfred-Nobel-Gedächtnispreise für Wirtschaftswissenschaften verliehen.[2]

Die neoliberale Schule[3] nimmt ebenfalls Bezug auf den Begriff der Freiheit und verfolgt das Ideal einer weltweit wirtschaftsliberalen Gesellschaftsordnung mit einem Rückzug des Staats aus der Wirtschaft sowie freien Märkten als Gegenpol zur überbordenden Einflussnahme des Staats im Sozialismus. Die Grundgedanken bezüglich freier Marktkräfte gehen über die Vorstellungen des klassischen Liberalismus in der Prägung von Adam Smith hinaus. Den **Märkten** soll man eine **beinahe uneingeschränkte Funktionsweise** zugestehen. Dem Staat soll Zurückhaltung auferlegt werden, insbesondere bei der Bereitstellung öffentlicher Güter, bei Regulationen und Umverteilungsmaßnahmen (Stiglitz, 2024, S. 284 und 290).

---

[2] Empfänger waren u. a. auch Friedrich Hayek und Milton Friedman.
[3] Die neoliberale Schule beinhaltet ebenfalls verschiedene Strömungen, deren *Gemeinsamkeiten* in diesem Beitrag in den Vordergrund gestellt werden.

1.2 Formationen von Marktwirtschaft und Kapitalismus

Befürworter des Neoliberalismus argumentieren, dass **freie Märkte** eine **effiziente Ökonomie** gewährleisten.[4] U. a. wird vorgebracht, dass zwar Ungleichheiten bei Einkommen und Vermögen auftreten, letztlich aber alle Mitglieder der Gesellschaft am Erfolg teilhaben. Die Zuwächse bei den Reichen und Reichsten würden nämlich auch zu den Mittelschichten und den Ärmeren durchsickern – der sogenannte **„trickle-down-Effekt"** träte ein.

Ein Argument, das man auf moralischer Ebene einordnen kann, sieht durch staatliche Interventionen die **individuelle Freiheit** beeinträchtigt. So äußert sich Friedman zu diesem Aspekt dahingehend, dass ein zu intensiv auftretender Staat den Weg zum Verlust unserer Freiheit ebnen würde (Friedman, 1982 (Erstausgabe 1962), S. 32).

Die Übernahme **sozialer Verantwortung durch den Unternehmenssektor**, etwa für die Sicherstellung von Beschäftigung, bezeichnete Friedman als fundamental subversive Doktrin. Er betonte, wiederum auf den streng liberalen Grundsatz abstellend, dass in einer freien Gesellschaft die einzige soziale Verantwortung der Unternehmen in der **Steigerung ihrer Gewinne** liege (Friedman, 1970, S. 1 und 6).

Uneingeschränkte Märkte führen nach neoliberaler Sichtweise also am ehesten zu einer gut funktionierenden Ökonomie. Hayek brachte in seinem Buch mit dem Titel „The road to serfdom" die Befürchtung zum Ausdruck, dass **staatliche Eingriffe,** von Ausnahmen abgesehen, zu einer Art **Unterwerfung** der Individuen unter den Staat führen würden (Hayek, 1994 (Erstausgabe 1944); vgl. auch Stiglitz, 2024, S. xix). Weiterhin gründete er in diesem Zusammenhang die bis heute aktive Mont Pèlerin Society, die strikt wirtschaftsliberale Ideen verbreiten bzw. vermitteln möchte. Die Gesellschaft äußert in ihrem „Statement of aims" die Sorge um nicht weniger als die zentralen Werte der Zivilisation und verwendet den Begriff der „Freiheit" z. B. in der Aussage

> „Over large stretches of the Earth's surface the essential conditions of human dignity and **freedom** have already disappeared." (The Mont Pelerin Society, 1947. Hervorhebung ergänzt).

In anderer Weise wird die Ablehnung staatlicher Interventionen in die Ökonomie damit begründet, dass die Eingriffe auf **politischen Prozessen** beruhen, die **i. d. R. nicht mit guten Entscheidungen** enden. So treffe der in diesem Modell generell

---

[4] Zur allgemeinen ökonomischen bzw. marktbezogenen *Effizienzdefinition* vgl. z. B. Stiglitz, 2024, S. 210: Effizienz ist dabei durch möglichst geringe Produktionskosten und eine Allokation der Güter zu den Konsumenten, die sie am meisten schätzen, gekennzeichnet.

unterstellte Charakterzug der Eigennutzzentrierung auch auf die Entscheidungsträger im öffentlichen Sektor zu, die die persönlichen Interessen über die der Gesellschaft stellen würden.

Die **ökonomische Zurückhaltung des Staats** soll auch aus neoliberaler Sicht **nicht absolut** sein. Ausnahmen, die Regierungshandeln bedingen, sind u. a. das Durchsetzen von Besitz- und Eigentumsrechten, die Sicherstellung der Einhaltung von Verträgen und die Unterstützung bei Rettungsaktionen in Krisenfällen.

Kritiker der neoliberalen Argumentation geben zu bedenken, dass einige **Auffassungen von Adam Smith aus dem Zusammenhang herausgegriffen** zur historischen Untermauerung der eigenen Vorstellungen herangezogen wurden. Dagegen habe man seine Relativierungen bezüglich freier Marktkräfte vernachlässigt. Der klassische Liberalismus betont den ökonomischen und gesellschaftlichen Nutzen des unternehmerischen Eigeninteresses, bringt zugleich aber eine skeptische Sicht z. B. im Hinblick auf den Missbrauch von Marktmacht zum Ausdruck. Insofern wird dieser älteren Schule oftmals eine differenziertere und realitätsnähere Prägung als dem Neoliberalismus zugesprochen. Der Neoliberalismus wird bei kritischer Beurteilung auch als „laizzes-faire-Doktrin" oder „Marktfundamentalismus" charakterisiert (Stiglitz, 2024, S. 29 ff. und 270).

1.2.3 Keynesianismus

Das marktwirtschaftlich ausgerichtete **Modell von John Maynard Keynes** führte zu einer neuen Sichtweise auf die Makroökonomie und die makroökonomische Politik. Keynes analysierte u. a. die Ursachen der „Great depression", d. h. der 1929 von den USA ausgehenden Weltwirtschaftskrise. Seine daraus entwickelten Empfehlungen beinhalten ein **Konjunkturzyklenmanagement des Staats,** das auf die aggregierte Nachfrage ausgerichtet ist (Mankiw, 2020, S. 714; Samuelson & Nordhaus, 2010, S. 370 und 643).

Konkret könnte eine **Ereignis- und Reaktionskette** wie folgt aussehen (Keynes, 2018 (Erstausgabe 1936), S. xxviii, 284 f., 288 f., 299, 311 und 338; vgl. auch Raworth, 2017, S. 66):

- Es tritt eine Minderung der aggregierten Nachfrage auf, z. B. durch Konsumzurückhaltung der privaten Haushalte aufgrund von mangelndem Vertrauen in die Zukunft.
- Die Unternehmen reagieren auf die sinkende Nachfrage nach ihrem Output ihrerseits mit einer Reduzierung der Nachfrage nach Beschäftigung. Dies führt zu Arbeitslosigkeit.

1.2 Formationen von Marktwirtschaft und Kapitalismus

- Das nationale Einkommen nimmt ab. Die Nachfrage geht aufgrund dessen weiter zurück, und somit ist eine Abwärtsspirale in Gang gesetzt.
- Die Selbstheilungskräfte der Ökonomie wirken, wenn überhaupt, nur langsam und schmerzvoll.
- Regierungshandeln kann die Arbeitslosigkeit jedoch schnell mildern. Hierbei sind geldpolitische Maßnahmen, also Zinssenkungen und Geldmengenausweitungen, möglicherweise nicht ausreichend.[5] Vielmehr eröffnet die Fiskalpolitik, in diesem Fall die Steigerung der öffentlichen Ausgaben, gute Möglichkeiten, das Wirtschaftsgeschehen wieder zu stabilisieren und neues Vertrauen zu generieren.

Ein Kernanliegen des Modells ist also, dass durch Regierungsintervention Konjunkturzyklen geglättet werden. Die nachteiligen **Effekte von Rezessionen** sollen zur **Erreichung von Vollbeschäftigung** durch staatliche, und zwar insbesondere durch fiskalpolitische Maßnahmen abgemildert oder ausgeglichen werden (Keynes, 2018 (Erstausgabe 1936); Samuelson & Nordhaus, 2010, S. 370). Insofern übernimmt der Staat Verantwortung für die ökonomische Stabilität. Insgesamt kann man beim „keynesianischen Ansatz" von einer Art „gemäßigtem Kapitalismus" sprechen (Stiglitz, 2024, S. 24 und 42).

Das Gedankengebäude von Keynes stellt einen scharfen **Kontrast zu wirtschaftsliberalen Ansätzen** dar, vor allem zum Neoliberalismus. Er weist dem Staat in ökonomischen Belangen eine sehr gewichtige, wenn auch nicht allumfassende Rolle zu. Das heißt, die Steuerungseingriffe der Regierungen sollen auch nicht annähernd das Maß annehmen wie im Sozialismus oder Kommunismus anzutreffen, dem Staat kommt aber eine zentrale Rolle in der Lenkung des makroökonomischen Gefüges zu – ein Unding für die Verfechter wirtschaftsliberaler Vorstellungen.

Ergänzend ist zu erwähnen, dass keynesianische Politikelemente *auf kurze Sicht* auch von einigen neoliberal orientierten Ökonomen zugestanden wurden. Dies resultierte aus der Erkenntnis, dass im Verlauf von Wirtschaftszyklen die Märkte aus sich heraus oftmals nicht für Vollbeschäftigung sorgen. Die unterstützenden staatlichen Eingriffe sollten allerdings nur bis zur Wiederherstellung der Vollbeschäftigung andauern, langfristig sollte das neoliberale Leitbild dominieren. Diese Zusammenführung der beiden sehr unterschiedlichen Modelle wurde **„neoclassical synthesis"** oder **„neoclassical-Keynesian synthesis"** genannt (beschrieben und aus unterschiedlichen Gründen kritisch gesehen

---

[5] Außerdem ist in diesem Punkt die in vielen Staaten installierte *Notenbankautonomie* zu beachten.

von Mankiw, 2006, S. 35 ff., und Stiglitz, 2024, S. 30). Es zeigt sich hier im Übrigen, dass auch der Neoliberalismus in sich keine völlig einheitliche Schule bildet, sondern unterschiedliche Strömungen einschließt.

1.2.4 Soziale Marktwirtschaft

Als weitere Formation wurde kurz nach dem Ende des 2. Weltkriegs das Leitbild der **„Sozialen Marktwirtschaft"** in die Überlegungen über Wirtschaftsordnungen eingebracht (z. B. Müller-Armack, 1990 (Erstauflage 1946), insbes. S. 65 ff.). In diesem Modell wird angestrebt, **unternehmerische Initiative und die Marktkräfte** mit einem **hohen Maß an sozialer Sicherung** zu verknüpfen. Der Staat soll, soweit nötig, in die Ökonomie eingreifen bzw. die Wirtschaft lenken und möglichen Negativauswirkungen von Marktprozessen entgegenwirken.

Die Einordnung der „Sozialen Marktwirtschaft" in die Riege der großen Schulen ist nicht zwingend, soll hier aber wegen der Akzentuierung der Sozialleistungen des Staats vorgenommen werden. Es liegt insofern auch eine Prioritätsverschiebung zum keynesianischen Modell vor, in dem unter den staatlichen Aktivitäten die Konjunkturzyklenglättung im Vordergrund steht.

Die Bezeichnung „Soziale Marktwirtschaft" wird auch für die heute bestehende wirtschaftspolitische Ordnung in der Bundesrepublik Deutschland verwendet und findet in dieser Hinsicht breite Akzeptanz.

2 Kritische Betrachtung der heute in der ökonomischen Realität vorzufindenden Systeme

Angesichts der gerade dargestellten Wirtschaftsmodelle liegt die Frage nahe, **in welcher Ausprägung ökonomischer Systeme,** gemessen an den Vorstellungen des Wirtschaftsliberalismus, des Keynesianismus oder der Sozialen Marktwirtschaft, **wir uns zur Zeit bewegen.** Natürlich lässt sich diese Frage nicht einheitlich und gemeinsam für eine Vielzahl verschiedener Staaten, schon gar nicht weltweit, beantworten. Global betrachtet muss man zunächst feststellen, dass in der Realität eine Diversität ökonomischer Ausformungen gegeben ist, die sich insbesondere zwischen den – inhaltlich unscharfen – Polen der (kapitalistischen) Marktwirtschaft und des heute vorzufindenden Sozialismus bewegen (Piketty, 2022, S. 237).

Zum Verständnis der jüngeren Entstehungsgeschichte der heutigen Systeme soll ein kurzer Blick auf die Entwicklungen im Anschluss an den 2. Weltkrieg geworfen werden: In den sozialistischen Regimen beanspruchte der Staat die Hoheit über die Produktionsmittel. In Westeuropa und den USA bildete sich hingegen eine **systemische Mischform** heraus, in der die *private* Güterproduktion zentral war, der *Staat* sich aber in den Bereichen Bildung, Forschung, Infrastruktur, Sozialversicherung usw. wesentlich beteiligte. In Ostasien entstand eine Variante dieser Wirtschaftsform, wobei z. B. Japan als sehr erfolgreiche Volkswirtschaft auftrat. Auf jeden Fall herrschte die Erkenntnis vor, dass die freien Märkte „als Begleiterscheinungen" große Schwächen aufwiesen und durch kluge **Eingriffe des Staats** die ökonomische Leistungsfähigkeit gesteigert werden konnte (Stiglitz, 2024, S. 24 f.).[1]

---

[1] Hierbei ist anzumerken, dass für den ökonomischen Erfolg ganz maßgeblich die Messlatte des *Wachstums* herangezogen wurde – was in aller Regel auch die heutige Praxis ist:

Die Ölpreisschocks in den 1970er bis zum Anfang der 80er Jahre verursachten in den Importländern, also in globaler Ausdehnung, schwerwiegende wirtschaftliche Probleme (z. B. Wolf, 1987, S. 17 und 82). Das begünstigte u. a. den Vorstoß, zur Verbesserung der Lage „befreiende" Änderungen der ökonomischen Systeme zu fordern. Hayek und Friedman hatten die intellektuelle Grundlage geschaffen. Dieses „liberale" Modell erlangte nach und nach auch einen ganz erheblichen Einfluss auf die Politik – natürlich vornehmlich in der westlichen Welt. Ronald Reagan und Margaret Thatcher waren an der vordersten Linie der politischen Umsetzung.

Die folgende sogenannte **Liberalisierung der Ökonomie** war u. a. gekennzeichnet durch eine umfängliche Aufhebung von Regulierungen – u. a. auch auf den internationalen Finanzmärkten –, eine Welle der Privatisierung öffentlicher Einrichtungen und die Rückführung der Steuerprogression, insbesondere eine erhebliche Senkung der Spitzensätze bei der Einkommen- und Erbschaftsteuer. Die staatliche ökonomische Aktivität wurde heruntergefahren (Piketty, 2022, S. 131 f.; Stiglitz, 2024, S. 26 f. und 270).

In der langfristigen Entwicklung kann man durchaus von einem Hin und Her sprechen, was die Intensität der staatlichen Eingriffe in die Ökonomie angeht. Die Auseinandersetzung zwischen den pro- und anti-staatlichen Positionen wird häufig vehement geführt. Für die heute bestehenden Systeme können Tendenzaussagen im Sinn **weithin gemeinsamer Ausprägungsmerkmale** getroffen werden:

- **Marktwirtschaftliche Tendenzen** haben stark an Boden gewonnen. Dies gilt u. a. auch für Russland und China. So deklarierte China zu Beginn der 1990er Jahre, nun eine Marktwirtschaft sozialistischer bzw. chinesischer Prägung zu sein und setzte dies auch in gewissem Maß um.
- Es ist festzustellen, dass die **Regierungen in vielfacher Hinsicht in die Ökonomie eingreifen.** Von weitestgehender Zurückhaltung kann nicht die Rede sein. Der Staat setzt beispielsweise Mindestlöhne fest, definiert Informationspflichten der Unternehmen, stellt öffentliche Güter bereit oder wird zur Milderung von Kriseneffekten tätig. Auch keynesianische Elemente, d. h. u. a. fiskalpolitische Maßnahmen zur Glättung von Konjunkturabschwüngen, werden umgesetzt.
- Trotz der staatlichen Aktivität tragen viele Volkswirtschaften **auch ausgeprägte Züge der neoliberalen Gedanken,** die ab den 1940er Jahren formuliert

---

eine Steigerung der volkswirtschaftlichen Leistung, die zugleich erhebliche Probleme bei Umweltbelastungen und bei ökonomischen Ungleichheiten mit sich brachte bzw. verstärkte.

wurden und ab 1980 in starkem Maße Anwendung fanden. Der „liberale" Einfluss bezieht sich auf ökonomische Systeme **innerhalb der Staaten** wie auch **zwischen den Staaten.**

Auf die Frage, in welcher Ausprägung ökonomischer Systeme wir gegenwärtig leben, muss man demnach antworten, dass sich in der Realität **Bausteine verschiedener Modelle** vermischen, wobei staatliche Aktivität und liberale Elemente nebeneinander vertreten sind.

2.1 Neoliberale Züge der heutigen Systeme

Der **Neoliberalismus** hat sich wie dargelegt weltweit einen **deutlich spürbaren Einfluss** verschafft. Im letzten Abschnitt des 20. Jahrhunderts, ca. ab 1980, übernahmen zahlreiche Regierungen Komponenten oder Versionen dieses Modells. Für die heutigen ökonomischen Systeme wurden in erheblichem Maß Vorstellungen von Hayek, Friedman und weiteren Vertretern dieser Denkrichtung übernommen (Stiglitz, 2024, S. 32, 114, 166 und 284).

Die **„reine" Form** des Neoliberalismus hat **bislang noch keine Anwendung** gefunden. Dies würde bedeuten, auch Schlüsselbereiche wie das Bildungs- und Gesundheitswesen und in letzter Konsequenz zudem das Militär, Haftanstalten und weitere sensible Aufgabenfelder umfassend zu privatisieren (Stiglitz, 2024, S. 215).

> **Argentinien nach der Präsidentschaftswahl in 2023. Ein neoliberales Realexperiment?**
> Im November 2023 gewann Javier Milei die Präsidentschaftswahl in Argentinien. Unmittelbar danach leitete er ein radikal-liberales Reformprogramm ein.
> Die Agenda beinhaltet einen harten staatlichen Sparkurs. Z. B. wurden öffentlich Bedienstete entlassen, Zuschüsse für den öffentlichen Verkehr und den Energiebereich gestrichen und Mittel für die Universitäten gekürzt. Die Wirtschaft des Landes soll dereguliert und staatseigene Unternehmen sollen privatisiert werden.
> Milei hat harte Zeiten angekündigt. Sein wirtschaftspolitischer Ansatz wird beispielsweise als „Schocktherapieprogramm" oder als „libertarian laboratory" bezeichnet. Auch der Ausdruck „neoliberales Realexperiment"

scheint angemessen. Das Vorhaben geht weit über den heute insgesamt feststellbaren Einfluss des Neoliberalismus hinaus.

Der IMF (International Monetary Fund), der für Argentinien aufgrund der Bereitstellung von Liquidität essenzielle Bedeutung hat, signalisierte vor allem angesichts der beabsichtigten umfassenden Haushaltskonsolidierung seine Unterstützung.

Anfangserfolge haben sich eingestellt, beispielsweise bei der Stabilisierung der öffentlichen Haushalte und der Reduzierung der zeitweise exorbitant hohen Inflation. Allerdings hat die Armut zugenommen. Die Reformmaßnahmen treffen derzeit vor allem die Ärmeren des Landes. Der innere Widerstand in der Regierung und der Justiz, durch die Gewerkschaften und die Bevölkerung nimmt zu. Die Phrase „no pain, no gain" wirkt angesichts der Reformbegleiterscheinungen zynisch. Die ökonomische Kehrtwende wird sich länger hinziehen. Die größten Herausforderungen stehen noch bevor.

(Zu den vorstehenden Ausführungen vgl.: Javier Milei finally lugs key reforms through Argentina's Senate, 2024; Javier Milei has turned Argentina into a libertarian laboratory, 2024; Münchrath & Olk, 2024; Nach Milei-Reformen: Jeder zweite Argentinier lebt in Armut, 2024; So radikal will Javier Milei Argentinien reformieren, 2024)

Das Reformprogramm ist bei zunächst starker Belastung sozial schwächerer Gruppen an ausgewählten volkswirtschaftlichen Zielen ausgerichtet, wie Inflationseindämmung, Haushaltskonsolidierung und letztlich Wachstum und Beschäftigung.

Die heute weltweit zu beobachtenden massiven ökonomischen Systemdefizite wie übergroße Marktmacht einzelner Akteure, gravierende Umweltschädigungen oder ausfernde ökonomische Ungleichheiten stehen demgegenüber im Hintergrund. Ihre Adressierung ist nicht erkennbar.

Die jetzige Reformagenda spiegelt – sicher verständlich – das Bestreben nach einer möglichst raschen wirtschaftlichen Erholung des Landes wider. Sie ist nach neoliberalem Muster gestaltet. Selbst bei Verbesserung einiger gewichtiger ökonomischer Parameter ist das Erreichen eines zeitgemäßen Systemzustands nicht absehbar.

Natürlich wird die Entwicklung in dieser wirtschaftsrealen Situation aus der Warte der miteinander konkurrierenden Wirtschaftsmodelle bzw. Ökonomieschulen mit großem Interesse beobachtet. Eine Schlüsselfrage dabei ist, inwiefern die radikal-liberale Reformagenda, falls sie auch in weiteren Punkten umgesetzt wird, der *gesamten* Bevölkerung zugutekommt.

2.2 Freiheit

Auf Staatenebene wird der Begriff „Freiheit" zur Abgrenzung von „freiheitlichen" (politisch-gesellschaftlichen) Systemen gegenüber „autoritären" Systemen herangezogen, etwa, wenn man von der „freiheitlichen demokratischen Grundordnung" spricht wie im deutschen Grundgesetz. Die große Mehrheit der Menschen lebt in Ländern, die als „nicht frei" oder nur „teilweise frei" eingeordnet werden – gemessen an Kriterien wie freien und fairen Wahlen, freien und unabhängigen Medien, einem unabhängigen akademischen bzw. Bildungssektor oder auch auf die Religionsausübung bezogen. In die Kategorie „teilweise frei" werden z. B. Ungarn und Indien eingestuft (Freedom House, 2024, S. 7, 10 und 21). „Freiheit" ist bei dieser Einordnung eindeutig positiv besetzt. Wie verhält es sich aber mit Freiheit in der Ökonomie?

Der Term **„Liberalismus"** wird wie ausgeführt als Bestandteil der Bezeichnung von Wirtschaftsmodellen herangezogen: „klassischer Liberalismus", „Neoliberalismus". **Im ökonomischen Kontext** liegt ein Hauptaugenmerk auf der **Funktionsweise von Märkten,** denen große Freiheiten zugestanden oder durch Regulative Beschränkungen auferlegt werden können. Im klassischen Liberalismus und besonders stark betont im Neoliberalismus werden freie Märkte als zentrales Element einer effizienten Ökonomie betrachtet.

Weiterhin wird die **Besteuerung** in Zusammenhang mit Freiheit gebracht, etwa mit der Argumentation, dass die Erhebung von Steuern die Freiheit einschränkt, Geld auszugeben wie man möchte. Steuern werden aus streng liberaler Sicht oftmals als größtmöglicher Ausdruck eines staatlichen Zwanges und als eine Art Tyrannei aufgefasst. **Mindestlöhne** können als Einschränkung der Vertragsfreiheit der Arbeitgeber angesehen werden. Ein vieldiskutierter Anwendungsfall aus dem Bereich der Ökonomie ist die **Liberalisierung der Kapitalmärkte** ab dem Beginn der 1980er Jahre, die u. a. die Freiheit der Banken in ihren Geschäftsmodellen erweiterte. Hierdurch ergaben sich erhöhte Gewinnchancen für die Geldinstitute, aber auch erhebliche Risiken für den Finanzsektor und die betroffenen Nationen in ihrer Gesamtheit, wie sich in der globalen Finanz- und Wirtschaftskrise ab 2007 schmerzlich zeigte (Stiglitz, 2024, S. xi ff. und 3 f.).

Aus den genannten Beispielen lässt sich zugleich ableiten, dass Freiheit im ökonomischen Zusammenhang ein relativer Begriff ist: Die Erhöhung der Freiheit einer Gruppe schränkt oftmals die Freiheit einer anderen Gruppe ein. Unter Lenkungsaspekten geht es dann um die **Abwägung von trade-offs** und die Suche nach der richtigen Balance: Wessen Freiheit soll vermindert werden, um die Freiheit anderer zu vergrößern?

Wenn also auf *Besteuerung* (weitgehend) verzichtet wird, bringt dies für die Entlasteten die Freiheit, über ihre Finanzen nach ihrem Ermessen zu verfügen. Darin kann man aber andererseits eine Einschränkung der Freiheit zur Entwicklung des persönlichen Potenzials bei vielen anderen, finanziell nicht so gut gestellten Individuen sehen: wenn nämlich staatliche Aktivität zur Stützung der gesamten Gesellschaft im Bildungs-, Gesundheitssektor usw. wegen fehlender Steuereinnahmen unzureichend ist. Analogien treten auch auf zwischenstaatlicher Ebene auf, wenn z. B. *Handelsabkommen* eher zugunsten reicherer Länder und deren Unternehmen ausgestaltet sind – deren Freiheiten erweitern – und die Entwicklungsmöglichkeiten bzw. -freiheiten ärmerer Länder dadurch beeinträchtigt werden (Stiglitz, 2024, S. xvi, xix f., xxiv, 3, 7, 46 und 54 ff.).

Regulierung, die das Verhalten in gewisser Weise einengt, ist **nicht das Gegenteil von Freiheit.** Man kann gut durchdachten Regulierungsmaßnahmen auch eine befreiende Wirkung für einen großen Teil der Bevölkerung zuschreiben. Dies lässt sich an dem gerade genannten Beispiel öffentlicher Güter aufzeigen: Wenn der Staat auf der Basis von Steuereinnahmen ein leistungsfähiges, gut zugängliches Bildungs- und Gesundheitssystem bereitstellt, werden hierdurch die Chancen zur Ausschöpfung des eigenen Potenzials für viele erhöht (Stiglitz, 2024, S. 9).

2.3 Verhalten von Individuen

Die **traditionelle Ökonomielehre** geht davon aus, dass die **Präferenzen von Individuen,** also das, was sie mögen und möchten, **fix** gegeben und unveränderlich sind. Außerdem wird vorausgesetzt, dass sich die Menschen – im ökonomischen Kontext – **vollkommen rational und eigennutzzentriert** im Sinn des „**Homo oeconomicus**" verhalten (Stiglitz, 2024, S. 14 und 146).

Es gibt Individuen, die diesem Muster des kühlen Kalkulators weitgehend entsprechen. Untersuchungen lassen den Schluss zu, dass der Charakterzug bei Ökonomen stärker ausgeprägt ist als bei anderen Berufsgruppen und dass Ökonomiestudierende dem Bild des Homo oeconomicus umso näherkommen, je länger

2.3 Verhalten von Individuen

sie diese Studienrichtung verfolgen (Stiglitz, 2024, S. 146). Dies ist sicherlich auch ein Resultat der heutigen Wirtschaftslehre auf der Basis der darin verankerten traditionellen menschlichen Persönlichkeitszeichnung.

Die **jüngere Verhaltenswissenschaft** zeigt allerdings, dass das **Standardmodell** mit absoluter Eigennutzzentrierung und vollkommener Rationalität für die generelle Beschreibung des tatsächlichen ökonomischen Handelns **nicht gut geeignet** ist (Stiglitz, 2024, S. 14 ff., 31, 80 f., 146 f. und 276). Denn

- die tatsächlich vorzufindende Struktur von Präferenzen und Verhalten schließt neben dem Streben nach dem persönlichen Vorteil auch Empathie und Mitgefühl sowie einen Sinn für die Gemeinschaft ein,
- Menschen wissen oft nicht genau, was sie wollen, und was sie wollen, ist veränderlich und formbar, und
- sie haben Grenzen des Wissens und Verstehens und müssen Entscheidungen häufig zu schnell treffen, um gemessen an vollkommener Rationalität richtig zu liegen.

Diese neueren, offensichtlich zutreffenden Ergebnisse stehen der Argumentation gegenüber, dass die modellhafte Konstruktion des Homo oeconomicus zur Gewinnung ökonomischer Einsichten recht gute Dienste leistet.

Für die **Formung unserer Präferenzen und Überzeugungen** sind neben der Vererbung verschiedene weitere Faktoren ausschlaggebend. Die Wirkungsrichtung des Einflusses kann sehr unterschiedlich sein. Es folgen einige Beispiele, die dies deutlich machen: *Eltern und Lehrer* werden häufig Verhaltensweisen vermitteln wollen, die auch die Belange anderer berücksichtigen. Falls dies erfolgreich ist, wird entsprechendes Handeln zum Teil der individuellen Identität. *(Höhere) Bildung* ist grundsätzlich wertvoll, zugleich aber mit Gefahrenpotenzial ausgestattet: So kann sie als Instrument zur Indoktrinierung im Sinn sozialer Konformität missbraucht werden, wovon man in autoritären Staaten ausgehen muss, oder Impulse zur Eigennutzzentrierung geben, wie für den Fall der traditionell geprägten Ökonomielehre zur Sprache kam. *Soziale Vergleichsgruppen* können in unterschiedliche Richtungen lenken, mit (potenziell) negativen Auswirkungen beispielsweise einen Druck zu extensiven Konsummustern aufbauen. In der *Gesellschaft* treten Normströmungen auf, die das Verhalten auch auf individueller Ebene ggf. ändern. Dies kann z. B. die Einstellung betreffen, unnötige Emissionen von Treibhausgasen zu vermindern.

Wenn Wirtschaftssubjekte die Wirkung des eigenen Handelns auf andere mit in Betracht ziehen und ein entsprechend **solidarisches Verhalten** für sich übernehmen, ist eine sogenannte „Internalisierung von Externalitäten" gegeben. Die

Handlungsweise von Individuen ist in solchen Fällen geeignet, *positive* soziale Externalitäten zu leisten und aggregiert auch auf der Ebene der gesamten Gesellschaft für spürbare konstruktive Effekte zu sorgen. Ein solches Verhalten kann, wenn vielfach praktiziert, das Erfordernis staatlicher Regulationen vermindern (Stiglitz, 2024, S. 152 ff.).

Unter den vielen weiteren Faktoren, die das Verhalten von Individuen formen, nehmen die traditionellen und als Phänomen unserer Zeit die **(digitalen) sozialen Medien** eine besonders hervorzuhebende Rolle ein. Bei einer begrüßenswerten Funktionsweise würden sie eine seriöse Versorgung mit Informationen bzw. bedenkenlos zu nutzende Austauschplattformen bieten. Die Gefahren negativer Beeinflussung sind allerdings stark ausgeprägt: Die *Unabhängigkeit der Medien* ist vielerorts *eingeschränkt*. Außerdem ermöglichen Social Media u. a. die schnelle und ausgedehnte, also „virale" *Verbreitung von Werbebotschaften verschiedenster Art, fragwürdigen Lebensmustern und Falschinformationen* (z. B. O'Carroll, 2024).

Die gerade aufgeführten Punkte zeigen, dass das **Verhalten der Individuen facettenreich** ist und **durch die traditionelle ökonomische Lehre nur unzureichend beschrieben** wird.

2.4 Märkte in der Realität

Es soll nun auf wesentliche Charakteristika der heute vorzufindenden Märkte, also des Aufeinandertreffens von Angebot und Nachfrage, eingegangen werden.

Am Anfang dieser Erläuterungen steht ein Blick auf die Theorie: Zur **Funktionsweise von Märkten** besagt das **Standardmodell der Mikroökonomie,** dass bei dem Zusammentreffen von Angebot und Nachfrage der **Koordinationsmechanismus des Preises** ein **Gleichgewicht** erzeugt. Dieses Marktgleichgewichtsmodell liefert ein effizientes Ergebnis – in der Theorie. Jeder Marktteilnehmer maximiert bei dem zustande gekommenen Preis seinen ökonomischen Nutzen. Der Ansatz spielt auch für die heutige wirtschaftsliberale Argumentation eine zentrale Rolle.

Er basiert auf einer Reihe von **Annahmen,** wie vollkommener Markttransparenz der Akteure, vollkommen rationalem Verhalten der Marktteilnehmer, fehlenden Markteintrittsbarrieren und einer sehr großen Zahl an Anbietern und Nachfragern. Daraus ergibt sich eine Situation vollkommener Konkurrenz, in der kein Wirtschaftssubjekt Marktmacht ausüben kann. Insbesondere ist es einzelnen Anbietern nicht möglich, den Preis zu beeinflussen oder den Markteintritt anderer Firmen zu blockieren (z. B. Stiglitz, 2024, S. 10, 77 f. und 268 f.).

2.4 Märkte in der Realität

Das Modell ist in sich stimmig. Seine mathematische Version wurde im 19. Jahrhundert entwickelt und Mitte des 20. Jahrhunderts entscheidend verfeinert. Die ausgefeilte Fassung wurde mit dem Alfred-Nobel-Gedächtnispreis für Wirtschaftswissenschaften honoriert. Die **Interpretation** der Ergebnisse ist sehr unterschiedlich: Anhänger des Neoliberalismus werten sie als *Bestätigung der Kräfte uneingeschränkter Märkte*. Eine völlig andere Auslegung geht dahin, dass die Märkte in der Realität wegen der fehlenden Gültigkeit der Annahmen tatsächlich nicht effizient sind und die *Ökonomie aus sich selbst heraus in der Realität* generell *keine Effizienz aufweist*.

Jedenfalls sollte man in die Beurteilung der theoretischen Aussagen einfließen lassen, dass auch geringfügige Abweichungen von den Annahmen die Effizienzresultate zunichtemachen. Das gilt z. B. für Informationsdefizite, die bei bestimmten Marktteilnehmern Kosten der Informationsbeschaffung implizieren. In der **Realität** sind leider *größere* **Abweichungen von den Annahmen** die Regel. Kein heutiges ökonomisches System entspricht auch nur annähernd dem modellhaften Idealbild. Eine Vielzahl von erheblichen **Marktunvollkommenheiten** prägt die Wirtschaftsabläufe. Und die Selbstkorrekturkräfte der Ökonomie sind offensichtlich schwach ausgeprägt (Stiglitz, 2024, S. 78 f., 116, 122, 227 ff. und 270). Auf die Defizite soll nun das Augenmerk gerichtet werden:

Zunächst einmal existieren für bestimmte Güter **keine oder nur unzureichende Märkte**. Der private Sektor wird für Versicherungen gegen schwerwiegende Risiken wie stark beeinträchtigende Krankheit oder Arbeitslosigkeit keine umfassenden und befriedigenden Lösungen liefern (Stiglitz, 2024, S. 34 und 220 f.).

Auf vorhandenen Märkten ist vollkommene **Transparenz** keineswegs gegeben. Die Informationslage der Marktteilnehmer ist nicht perfekt. Beispielsweise kennen Konsumenten nicht die Eigenschaften und Preise aller Güter auf den für sie interessanten Märkten. In diesem Zusammenhang treten sogenannte **Informationsasymmetrien** auf, d. h. Situationen, in denen jemand etwas weiß, was ein anderer nicht weiß. Solche Unausgewogenheiten können sich z. B. darin äußern, dass der Bankkunde den effektiven Zinssatz eines Hypothekendarlehens nicht kennt, die Bank hingegen schon. Die Asymmetrien werden nicht selten bewusst herbeigeführt, um die andere Partei, z. B. potenzielle Kunden, irrezuführen. Dies trat beispielsweise beim Diesel- oder Abgasskandal im Bereich der Automobilindustrie eklatant zutage (Ewing, 2017; Stiglitz, 2024, S. xxii, 11, 34, 51, 91, 93, 123 und 133).

Der **Wettbewerb** auf den Märkten ist häufig geschwächt. Die Volkswirtschaften des 21. Jahrhunderts sind u. a. durch (sehr) große, international operierende

Unternehmen geprägt, die erhebliche **Marktmacht** innehaben. In vielen Fällen können sie Preise durchsetzen, die weit über ihren (Grenz-)Kosten liegen. Dies bewirkt zum einen, dass gegenüber dem Marktgleichgewichtsmodell ein verringertes Angebots-Nachfragevolumen realisiert wird. Zum anderen sind die Gewinnzuwächse, die hauptsächlich den Unternehmensinhabern, also z. B. den Aktionären zugutekommen, ein Indiz für steigende ökonomische Ungleichheiten (Gallagher & Kozul-Wright, 2022, S. 13; Ongweso Jr, 2024, S. 17; Stiglitz, 2024, S. 20, 34, 126 f., 132 und 180).

Auch besondere Marktsituationen sorgen immer wieder für einen **Ausfall von Wettbewerbsmechanismen.** Als ein Beispiel lässt sich der Ukraine-Krieg anführen, der es Öl- und Gasunternehmen und betreffenden Händlern zum Nachteil der Allgemeinheit ermöglichte, enorme Windfall-Profits, also Übergewinne zu realisieren. Ähnlich verhielt es sich im Pharmabereich bei der Bereitstellung von Impfstoffen zur Eindämmung der Corona-Pandemie (Stiglitz, 2024, S. 127 f.).

Markteintrittsbarrieren sind im Standardmodell als nicht vorhanden unterstellt, in der Realität aber in zahlreichen Erscheinungsformen zu beobachten. Die Optionen der Nachfrageseite für Alternativanbieter werden dann eingeschränkt oder unterbunden. Die Gründe können u. a. in Kostenvorteilen aufgrund der Unternehmensgröße – Skaleneffekten – oder auch in der aktiven Einengung alternativer Anbieteroptionen liegen.[2] Eine wesentliche Quelle der Marktmachtstärkung auf dem Ausschlussweg können *Rechte an geistigem Eigentum,* insbesondere Patentrechte sein. Sie sind heute von immenser ökonomischer Bedeutung. Im negativen Fall werden sie extensiv bzw. missbräuchlich eingesetzt und zur Errichtung von Markteintrittsschranken ausgenutzt. Wenn mithilfe der Rechte an geistigem Eigentum Monopolstrukturen aufgebaut werden, lassen sich (weitaus) höhere Preise durchsetzen als dies bei vollkommener Konkurrenz möglich wäre (Stiglitz, 2024, S. 130 und 134 ff.).

Innovationstätigkeit sollte im Idealfall letztlich der Allgemeinheit zugutekommen, z. B. durch die forcierte (Weiter-)Entwicklung von Technologien zur Verringerung des Bedarfs an fossilen Energieträgern. Der Funktionsweise der (privaten) Märkte aus sich selbst heraus kann man diesbezüglich kein gutes Zeugnis ausstellen: Ein großer Anteil der technologischen Fortentwicklung basiert auf

---

[2] Auf die Reduzierung von Alternativen gerichtete Aktivitäten sind recht gängige Praxis. Hier ein Beispiel aus dem IT-Sektor: Große Anbieter unternehmen z. T. Anstrengungen, um Nutzer zum Einsatz eines Lösungsbündels aus *einer,* nämlich *ihrer* Hand zu bewegen, wie eines Pakets mit den Elementen Bürosoftware, Betriebssystem, Internetbrowser, Sicherheitssoftware, Cloud-Lösung, E-Mail, Kollaborationstool und Videokonferenzsoftware. In diesem Zusammenhang werden auch *technische* Barrieren eingefügt, die die Möglichkeit des Anbietertauschs nahezu unmöglich machen.

2.4 Märkte in der Realität

Grundlagenforschung, die *staatlicherseits* finanziert und oft auch durchgeführt wurde. Zudem tendieren die Märkte von sich aus dazu, Innovationen zur Erhöhung der Arbeitsproduktivität zu priorisieren – z. B. durch Automatisierung von Arbeit. Insofern kann man in vielen Fällen von einer **falschen Innovationsrichtung** sprechen. Zusammenfassend sind also auch bei der Innovationsaktivität der Märkte erhebliche Unvollkommenheiten zu erkennen (Acemoglu, 2023, S. 23; Mazzucato, 2013, S. 167 ff.; Stiglitz, 2024, S. 227).

Märkte verursachen **negative Externalitäten**. D. h. Aktivitäten von Marktteilnehmern haben negative Auswirkungen auf andere. Dies wird an *Umweltschädigungen* durch Produktions- und auch Konsumptionsprozesse deutlich.[3] Ein spezieller, anders gearteter Fall nach außen getragener nachteiliger Effekte hatte seinen Ursprung in der *riskanten bzw. unseriösen Kreditvergabe* US-amerikanischer Banken. Die Folgewirkungen verbreiteten sich im stark verwobenen internationalen Finanzsystem und führten zur bereits erwähnten globalen Finanz- und Wirtschaftskrise ab 2007. Diese beiden Beispiele zeigen bereits, dass negative Externalitäten nicht an Staatsgrenzen gebunden, sondern oftmals von grenzüberschreitender Tragweite sind.[4] Der Umgang mit folgenreichen, schädlichen Externalitäten gehört mittlerweile zu den Schlüsselthemen der Wirtschaftspolitik (Stiglitz, 2024, S. 41, 46 und 50).

Marktunvollkommenheiten treten häufig **in Kombination** auf, wie sich anhand der *sozialen Medien,* also einem heute und vermutlich auch weiterhin bedeutsamen Ausschnitt des Dienstleistungsbereichs, leicht verdeutlichen lässt. Von vollkommenem Wettbewerb ist dieser Sektor sehr weit entfernt. Es haben sich einige wenige dominante Anbieter etabliert, die für gewöhnlich *außerordentlich hohe Gewinne* erwirtschaften und eine enorme *Marktmacht* haben. *Markteintrittsbarrieren* sind allein durch die hohe Nutzerzahl und deren Austauschaktivität – die von den Anbietern noch forciert wird – aufgebaut worden. Außerdem fehlt es den Plattformen an *Transparenz:* Die Algorithmen, die die Datentransaktionen lenken, werden nicht offengelegt. Hierdurch mangelt es an Informationen, wie die Verbreitung der Daten und (Werbe-)Botschaften gesteuert und kontrolliert wird. Auch die Mechanismen zur Erzeugung größeren Nutzerengagements bleiben z. T. unklar (Stiglitz, 2024, S. 175 ff.).[5]

---

[3] Der ökologische Aspekt wird etwas weiter unten noch in einem eigenen Abschnitt erörtert.

[4] Neben diesen unmittelbar eingängigen Beispielen lassen sich weitere Ausprägungen von nachteiligen Externalitäten ausmachen: So können *Falschinformationen,* ob unbeabsichtigte oder beabsichtigte, als Beeinträchtigungen von Informationsmärkten aufgefasst werden (Stiglitz, 2024, S. 51).

[5] Ähnliche Aussagen treffen im Übrigen auch für andere Branchen der „digitalen Ökonomie" zu, wie für Suchmaschinendienste, Online-Handelsplattformen und weitere.

Die Erörterung eingeschränkter Funktionen der heutigen Märkte ließe sich fortführen. Das Herausarbeiten der *Schwachpunkte* darf keinesfalls dazu führen, dass die *positiven Markteffekte* in den Hintergrund rücken: Durch die Mechanismen beim Zusammentreffen von Angebot und Nachfrage wird eine wichtige Versorgungsfunktion erfüllt. Wir müssen allerdings festhalten, dass **für keine Volkswirtschaft das Ideal des Marktgleichgewichtsmodells, also der vollkommenen Konkurrenz, auch nur annähernd charakteristisch** ist. Wie aufgeführt sind zahlreiche Marktunvollkommenheiten augenfällig, denen man sich widmen muss (Stiglitz, 2024, S. 116).

2.5 Internationaler Kontext – das globale Gefüge von reicheren und ärmeren Ländern

Die **WTO** (World Trade Organization) spielt eine Schlüsselrolle bei der Vereinbarung von **internationalen Handelsabkommen.** Die ärmeren Länder beklagen sich regelmäßig über den Inhalt, die Handhabung und die Wirkung der ausgehandelten Regelungen, und es ist ihnen häufig recht zu geben. Die Vereinbarungen **begünstigen in überproportionalem Maß die Interessen der reicheren Staaten und ihrer international tätigen Unternehmen.** Es ist eine seit Langem zu beobachtende Realität und weiterhin akute Gefahr, dass die Entwicklungsländer daran gehindert werden, in der value chain höherwertige Güter zu produzieren, und eher auf der Stufe der Grundstofflieferanten gehalten werden. In diesem Zusammenhang wird auch der für die entwickelten Länder wenig schmeichelhafte Ausdruck des „ökonomischen Neokolonialismus" verwendet (Stiglitz, 2024, S. 249 ff.)[6]

Der **OECD** (Organisation for Economic Co-Operation and Development) wird ebenfalls die Neigung zugesprochen, sich **überwiegend den Interessen der entwickelten Länder** verpflichtet zu fühlen. Hierzu kann das Beispiel der globalen Mindestbesteuerung multinational tätiger Unternehmen angeführt werden: Die OECD hat diese Reform der Unternehmensbesteuerung maßgeblich geprägt. Der offizielle Steuersatz von 15 % auf die Gewinne ist sehr bescheiden ausgelegt, und durch Ausnahmeregelungen könnten die Abgaben auch deutlich geringer ausfallen. Es wird befürchtet, dass die für die ärmeren Länder verbleibenden Einnahmenbeträge verschwindend gering sind (Stiglitz, 2024, S. 242 f.).

---

[6] Umgekehrt ist es dann wenig verwunderlich, dass die sich vielfach als übervorteilt sehenden Entwicklungsländer zurückhaltend sind, wenn auf anderer Ebene Kooperation gewünscht wird – wie z. B. bei der Verurteilung der russischen Auslösung des Ukraine-Kriegs.

Internationale Investitionsvereinbarungen bringen oftmals Machtungleichgewichte zwischen entwickelten und Entwicklungsländern zum Ausdruck und enthalten **nachteilige Regelungen zulasten der ärmeren Nationen:** So ist in vielen Fällen der Enteignungsschutz der Investoren sehr extensiv definiert, während ihre Verantwortlichkeiten nur spärlich niedergelegt sind. Als Resultat dessen kann beispielsweise die Haftung für verursachte (Umwelt-)Schäden nahezu ausgeschlossen werden. Die Schlichtungsvereinbarungen in Streitfällen begünstigen in der Praxis ebenfalls oft die Investoren. Die Schlichter sind in vielen Fällen von klagenden Unternehmen beauftragte und bezahlte Anwälte, die eine gewisse Tendenz haben, zugunsten dieser Seite des Streitfalles zu regulieren (Stiglitz, 2024, S. 253 ff.).

IMF und Weltbank haben klare **Vorstellungen bezüglich geschäftsfreundlicher Bedingungen** in Ländern weltweit entwickelt. Die Weltbank veröffentlichte ihre Kriterien und ein entsprechendes Länder-Ranking über Jahre hinweg in den „Doing Business"-Reports.[7] Beide Institutionen sehen sich **Vorwürfen** ausgesetzt, **eine falsche Richtung vorzugeben.** So würden bei der Bewertung der Geschäftsfreundlichkeit niedrige Unternehmensbesteuerung, begrenzte Regulationen und eine unternehmensbegünstigende Regelung des Arbeitsmarktes im Vordergrund stehen, weniger z. B. eine geeignete öffentliche Infrastruktur oder ein mit guter Qualifikation ausgestattetes Arbeitsangebot. Zusammen mit dem Druck der globalen Finanzmärkte würde dies die Interessen der Investoren unverhältnismäßig widerspiegeln und die Entwicklung der Investitionen suchenden Staaten tendenziell hemmen. Die Scoring-Methodik hätte unter den um Kapitaleinsatz bemühten Ländern zu einer Art Unterbietungswettlauf geführt (Stiglitz, 2024, S. 258 f.). Diese Argumentation lässt sich nachvollziehen.

Nun hat die Weltbank in 2021 ihre „Doing Business"-Reihe aufgegeben, um mit dem „Business Ready"-Nachfolgedienst Korrekturen vorzunehmen. Die Definition der Attraktivität von Bestimmungsorten für multinationale Investitionen soll dadurch besser austariert werden. Inwieweit die gerade genannten Schwächen des Vorgängerdienstes tatsächlich gemildert oder ausgeräumt werden, wird sich in den kommenden Jahren zeigen (erste Ausgabe des neuen, jährlich erscheinenden Reports: World Bank Group, 2024. Zu den neuen Evaluationskriteriengruppen „Regulatory Framework", „Public Services" und „Operational Efficiency" vgl. z. B. S. xx ff. und 61 ff.).

Sehr viele Staaten weltweit gesehen haben defizitäre öffentliche Haushalte und einen **hohen Schuldenstand.** Ausnahmen sind selten. Für **ärmere Länder**

---

[7] https://archive.doingbusiness.org/en/reports/global-reports/doing-business-reports. Zugegriffen: 28. Februar 2025.

haben *ausländische* Kreditoren regelmäßig eine große Bedeutung. Die heutige Lage ist für Entwicklungsländer insofern noch weiter verkompliziert, als ihnen **für gewöhnlich zahlreiche Gläubiger** aus verschiedenen Nationen mit unterschiedlichen Interessen gegenüberstehen. Dabei hat sich China zu einem sehr gewichtigen Kreditor entwickelt (Stiglitz, 2024, S. 247).

Der **IMF** kann in Notfällen, d. h. beispielsweise bei Unfähigkeit eines Landes, seine Schulden zu bedienen, **Finanzhilfen** bereitstellen. Außerdem tritt der IMF auch als vermittelnde Institution im Hinblick auf staatliche und private Gläubiger auf, um Schuldenrestrukturierungen oder -erlasse herbeizuführen. Hilfen für die Debitorenländer sind üblicherweise an **Bedingungen** geknüpft. Die Verpflichtungen werden i. d. R. beinhalten, die Staatsausgaben zu senken, was rasch zu Einschränkungen bei Sozialleistungen und zu verminderten Investitionen in die Infrastruktur führen kann. Dies trifft insofern auf Kritik, als solche Bedingungen die Schuldnerstaaten in ihrer weiteren Entwicklung und bei der langfristigen Verbesserung ihrer Situation beeinträchtigen (Stiglitz, 2024, S. 237 und 245 ff.).

Die Ausführungen dieses Abschnitts zum internationalen Kontext zeigen klare **Unausgewogenheiten der ökonomischen Architektur und Abläufe zuungunsten von Entwicklungsländern.** Die Gegebenheiten reflektieren eher die bestehenden Machtverhältnisse als Gedanken der Fairness. Die große Bedeutung internationaler Institutionen wie des IMF, der Weltbank und der WTO ist offenkundig. Immerhin wird am Beispiel der geänderten Definition von geschäftsfreundlichen Umgebungen durch die Weltbank eine Verbesserungsabsicht im Sinn ausgewogenerer Wirtschaftsstrukturen erkennbar.

2.6 Ökologische Belastungen

Ökologische Belastungen durch ökonomische Aktivität haben ein ganz erhebliches und z. T. auch existenzgefährdendes Ausmaß angenommen. Sie gehören wie bereits erwähnt zu den **negativen Externalitäten** und müssen hier als hervorstechendes Phänomen unserer heutigen Systeme aufgeführt werden.

Im Jahr 2023 formulierte eine Forschergruppe einen Katalog ökologischer Gefährdungen. Er umfasst acht Belastungsfaktoren, die sich auf das Klima, die Biosphäre, Süßwasser- und Nährstoffkreisläufe sowie Aerosole beziehen. Es werden Schwellen quantifiziert, deren Einhaltung dazu geeignet ist, die Stabilität und Widerstandsfähigkeit des planetaren Systems zu erhalten bzw. zu verbessern: „Earth system boundaries" (Rockström et al., 2023, insbes. S. 102 f. und 105).

Beispielsweise werden im Hinblick auf den Klimawandel maximal 350 parts per million CO_2 für die Kohlenstoffdioxid-Konzentration in der Atmosphäre als Grenzwert angesetzt. Diese Größe ist konsistent mit einer Erwärmung von + 1,0°C gegenüber den vorindustriellen Verhältnissen, die als nicht signifikant schädlich eingeordnet wird (Rockström et al., 2023, S. 103 f.). Wir bewegen uns hier allerdings in einer Art Konjunktiv: Die Erwärmung um 1,0°C ist bereits deutlich überschritten und der steigende Trend wird sich erst einmal fortsetzen.[8]

Insgesamt ist der gegenwärtige Zustand dadurch gekennzeichnet, dass sieben der acht untersuchten Faktoren außerhalb des als nicht signifikant schädlich definierten Bereichs liegen – und dies z. T. ganz erheblich. Der resümierenden Aussage des Forscherteams muss man sich sicherlich anschließen: „Nothing less than a just global transformation across all ESBs (Earth System Boundaries – Ausschreibung ergänzt) is required to ensure human well-being." (Rockström et al., 2023, S. 109).

Die verwendeten acht Parameter erfassen wesentliche Bereiche des ökologischen Gesamtsystems, leisten aber keine vollständige Abdeckung. Weitere Belastungsfaktoren drängen sich zur Ergänzung einer solchen Grenzwertuntersuchung auf: Hierunter fallen z. B. Schädigungen durch *Mikroplastik* Entsprechende Teilchen sind mittlerweile u. a. in verschiedenen menschlichen Organen nachweisbar. Auch *radioaktive Abfälle* gehören zu den weiteren Gefahrenmomenten. Insgesamt bleibt festzuhalten, dass den heutigen ökonomischen Systemen eine Vielzahl gravierender ökologischer Schäden anzulasten ist.

2.7 Einkommens- und Vermögenskonzentration

Ökonomische Ungleichheiten in Form von **Einkommens- und Vermögensdivergenzen** sind **weltweit sehr stark ausgeprägt.** Als bezeichnend können die folgenden top 1 %-Aussagen betrachtet werden, die sich auf Individuen beziehen: Global gesehen lag im Jahr 2023 der *Einkommensanteil* der top 1 % bei 20,5 % und ihr *Vermögensanteil* bei 36,1 % (World Inequality Database, 2025).[9] Hervorstechend ist die enorme Vermögenskonzentration.

Diesen Ungleichheiten sind weitreichende **Gefahrenpotenziale bzw. negative Auswirkungen** zuzurechnen (Cingano, 2014, S. 28; Dixson-Declève et al., 2022, S. 79 und 90; International Monetary Fund, 2023; Milman & Lakhani, 2024,

---

[8] Es wird also ein strengerer Grenzwert angesetzt als im Pariser Klimaabkommen von 2015, das die Übereinkunft enthält, die Erderwärmung gegenüber den vorindustriellen Werten deutlich unter 2°C zu halten und Anstrengungen zur Begrenzung auf 1,5°C zu unternehmen. Soziopolitische Aspekte nach dem Prinzip „leave no one behind" führen zu dem niedrigeren „*gerechten*" Schwellenwert in der zitierten Untersuchung, der bei + 1,0°C angesetzt wird.

[9] Zugegriffen: 28. Februar 2025.

S. 11 f.; Stiglitz, 2013, S. 106 f., 128 f. und 148 ff.; Stiglitz, 2024, S. 115, 119 und 225; Taylor, 2024). Hierzu zählen u. a.

- sinkende Arbeitsproduktivität aufgrund als unfair wahrgenommener Einkommensungleichheiten,
- nachteilige Effekte für die volkswirtschaftliche Nachfrage und Wachstumshemmnisse[10] sowie
- die Einflussnahme extrem finanzstarker Individuen und Unternehmen auf die Politik und verschiedene andere gesellschaftliche Bereiche.

Der Punkt der Überführung ökonomischer Macht in politische Macht wird in etwas zynischer Weise dadurch charakterisiert, dass anstelle des Prinzips „one person, one vote" die Realität „one dollar, one vote" träte (Stiglitz, 2024, S. 20, 286 und 292).[11]

Insgesamt ist festzuhalten, dass die heute existierenden ökonomischen Systeme eine massive und nachteilige Konzentration von Einkommen und Vermögen aufweisen.[12]

2.8 Die Rolle des Staats in den heutigen Systemen

Die aktuelle **ökonomische Realität** ist, wie bereits angesprochen, **alles andere als frei von staatlichen Eingriffen.** Hierauf bezogen werden nun einige wesentliche Aktionsfelder und Problempunkte angesprochen:

Öffentliche Investitionen in **Grundlagenforschung** geben Impulse für Weiterentwicklungen auf zahlreichen Gebieten. Beispielsweise wurde so die Entstehung

---

[10] Die Wachstumshemmnisse resultieren u. a. aus einer höheren Sparquote derer an der jeweiligen Pyramidenspitze. Dieser Punkt der negativen Beeinflussung von Wachstumschancen ist, insbesondere für reichere Nationen, zu relativieren: Fortgesetztes Wachstumsstreben ist wegen der nachteiligen Auswirkungen gesteigerter volkswirtschaftlicher Leistung, vor allem wegen ökologischer Belastungen, infrage zu stellen. Andererseits kann man durch hochgradige Ungleichheiten *blockierte Wachstumsmöglichkeiten* tatsächlich auch kritisch sehen.

[11] Die Einflussnahme auf die Politik bzw. der Kauf politischer Einflussnahme mag *in autoritären Regimen* je nach konkreter Ausprägung weniger intensiv ausfallen. Dem steht allerdings die dort regelmäßig anzutreffende, nicht zu akzeptierende Einschränkung der persönlichen Freiheiten durch die übermäßige Machtstellung des Staats gegenüber.

[12] In den vergangenen Jahrhunderten sind Reduzierungen der Einkommens- und Vermögensungleichheiten erreicht worden. Es verbleibt aber trotzdem ein außerordentlich hohes Niveau (Piketty, 2022, S. 1).

des Internets auf den Weg gebracht. Es ist davon auszugehen, dass kein privates Unternehmen in der Lage gewesen wäre, ein Projekt in der Größenordnung der Erfindung bzw. Entwicklung dieses weltweiten Kommunikationsnetzes zu leisten (Moyer, 2012). Umfängliche öffentliche Investitionen in Grundlagenforschung kommen auch dem Gesundheitssektor zugute. Private Unternehmen profitieren i. d. R. von dem öffentlich finanzierten Erkenntniszuwachs und werden in die Lage versetzt, auf dieser Basis ihrerseits – teils enorme – Gewinne zu erwirtschaften (Stiglitz, 2024, S. 72 und 139 f.).

Zahlreiche (andere) Dienstleistungen und Sachgüter werden durch den Staat erbracht und zur Verfügung gestellt. Dazu gehören maßgebliche Beiträge für die allgemeine Infrastruktur, das Bildungs- und Gesundheitswesen, aber auch die Bereiche Polizei, Gefängnisse, Feuerwehren, Abfallentsorgung und vieles mehr. Sozialleistungen wie Grundsicherung oder Arbeitslosenversicherung stellen wesentliche Bausteine sozial orientierter gesellschaftlicher Systeme dar. Obwohl man in Einzelfällen streiten kann, ob die Bereitstellung besser von öffentlicher oder privater Seite erfolgen soll, ist insgesamt staatliche Aktivität berechtigterweise stark ausgeprägt.

Regulationen durchziehen das Gesamtgefüge der Wirtschaft. Dies zeigt sich beispielsweise in der Festlegung von Mindestlöhnen, von Offenlegungspflichten für Unternehmen oder auch von Auslauffristen für bestimmte Technologien wie Verbrennungsmotoren. Ein **allgemeiner Ordnungsrahmen** wird gesetzt, z. B. durch Wettbewerbsgesetze oder Risikorestriktionen für Finanzinstitutionen. **Subventionen** werden gewährt, in Notfällen auch **Rettungsmaßnahmen** finanziert usw. Die Liste ökonomisch relevanter staatlicher Aktivitäten lässt sich fast beliebig fortsetzen.

Bei der Inanspruchnahme öffentlicher Leistungen besteht das sogenannte **„Free-Rider"-Problem:** Trittbrettfahrerverhalten, d. h. Nutzung der Leistungen, ohne zu ihrer Finanzierung beizutragen, birgt natürlich Gefahren für die Möglichkeit der Bereitstellung. Insofern muss die Bestrebung sein, eine faire Beteiligung aller an der Mittelaufbringung zu gewährleisten.

Eine weitere Herausforderung stellen **Koordinationsprobleme** dar: Die ökonomischen Akteure, d. h. insbesondere die Unternehmen, privaten Haushalte und der Staat selbst[13] erbringen schlechtere Ergebnisse bei unzureichender Abstimmung. Als Beispiel können häufig auftretende Versorgungsknappheiten in der Zentralverwaltungswirtschaft angeführt werden. Die Koordination zwischen Angebot und Nachfrage ist in diesen Fällen mangelhaft. Selbstverständlich

---

[13] Als weitere Akteure der Ökonomie sind der Commons-Bereich und die bedeutenden überstaatlichen Institutionen wie der IMF und die Weltbank zu nennen.

sind auch marktwirtschaftliche Systeme betroffen: So können schwere makroökonomische Instabilitäten als Manifestation von massiven Koordinationsfehlern aufgefasst werden. Dies trifft z. B. auf die Weltwirtschaftskrise zu Beginn des 21. Jahrhunderts zu, bei deren Verursachung eine gestörte Koordination zwischen Banken und ihren Kunden sowie innerhalb des internationalen Finanzgeflechts eine große Rolle spielten (Stiglitz, 2024, S. 74 f. und 79). Als Ziel staatlicher Aktivität rückt damit in den Vordergrund, dermaßen einschneidende Koordinationsmängel und ggf. folgende Krisen zu verhindern oder zu mildern.

Bei vielen ökonomischen Aufgaben ist es **zweckmäßig und hilfreich,** *international* **abgestimmt vorzugehen.** Hier liegt aber eine große Schwäche des globalen Wirtschaftssystems. Es ist keine überstaatliche Instanz auszumachen, die in effektiver Weise grenzüberschreitende Regulierungen vornimmt oder die Versorgung mit globalen öffentlichen Gütern sicherstellt. Als heute herausragend wichtiges globales öffentliches Gut lässt sich die Milderung und Folgenbewältigung der Erderwärmung auffassen. Die Klimaabkommen wie die in den COP-Foren[14] vereinbarten sind zum einen unzureichend, zum anderen gibt es erhebliche Defizite in der Umsetzung bzw. Durchsetzung der Beschlüsse. In dieser Hinsicht weist die internationale Koordination große Mängel auf (Stiglitz, 2024, S. 83). Analoges gilt für die Reduzierung extremer Einkommens- und Vermögenskonzentration: Beispielsweise ist enge überstaatliche Kooperation anzuraten, wenn es um die Besteuerung von international operierenden Unternehmen oder von Individuen an den Pyramidenspitzen geht. Die bisherigen Ergebnisse bei diesen Themen sind ebenfalls sehr bescheiden.

Es ist jedenfalls zweifelsfrei, dass der **Staat heute** trotz des neoliberalen Einflusses i. d. R. eine aktive, auch die **Ökonomie lenkende Rolle** einnimmt. Das ist sinnvoll, **bedeutet andererseits aber nicht,** dass Regierungen im Hinblick auf die Ziele der Wirtschaftstransformation **immer effektiv** agieren. Die aktuell festzustellenden, großen Defizite wirtschaftlichen Handelns, insbesondere im Hinblick auf ökologische Aspekte und Einkommens- und Vermögensverteilung, konnten mit den praktizierten ökonomisch-politischen Ansätzen nicht vermieden oder behoben werden.

---

[14] COP-Foren: UN (Climate Change) Conferences of the Parties. Diese finden ab 1995 i. d. R. einmal jährlich statt.

2.9 Zusammenfassende Beurteilung der heutigen Systeme

Zur Annäherung an eine Antwort auf die Frage nach der bestmöglichen Neuausrichtung ökonomischer Systeme kann man sich die in der Geschichte und bis in die Gegenwart hinein praktizierten Lösungsversuche vor Augen führen. Leider ist die Vergangenheit reich an Fehlschlägen. Man kann zwar hin und wieder und bezogen auf einzelne Erfolgsparameter von „bewährten Arrangements" sprechen: so z. B. im Hinblick auf die deutsche Wirtschaft nach dem 2. Weltkrieg, die eine ganz erhebliche Wohlstandsmehrung herbeiführte. Einer Übertragung solcher zeitweise bzw. selektiv erfolgreicher Systeme in die heutige Zeit ist wegen der gegenwärtigen Besonderheiten aber mit großen Bedenken zu begegnen.

Auf die großen Gegensätze bezogen gingen die auf Basis der sozialistischen/kommunistischen Schulen gestalteten ökonomischen Systeme zu weit in die eine Richtung – gekennzeichnet durch Zentralisierung und extreme, missbrauchte Staatsmacht. Marktwirtschaft/Kapitalismus führten insbesondere seit den 1980er Jahren zu weit in die andere Richtung – starke „laizzes-faire"-Einflüsse –, ohne dass in jüngerer Zeit ausreichende Korrekturen vorgenommen wurden (Stiglitz, 2024, S. 209 und 273 f.).

Die Analyse der **derzeit vorzufindenden Systeme** verdeutlicht ihre **Unzulänglichkeiten in wesentlichen Belangen.** Einkommens- und Vermögenszuwächse in Volkswirtschaften sind zum großen Teil denjenigen an den Pyramidenspitzen zugutegekommen – das **Verteilungsproblem** ist also evident. Die Entfaltungsmöglichkeiten vieler Menschen sind aufgrund zu geringer staatlicher Leistungen in unterstützenden Sektoren eingeschränkt. **Negative Externalitäten,** besonders gravierend in der Form von **ausufernden ökologischen Schäden,** sind ständige Begleiterscheinungen der Märkte. Das **internationale Staatengeflecht** ist auch aus ökonomischer Sicht eher von **bestehenden Machtverhältnissen** geprägt als von der Bestrebung zu Ausgewogenheit. Die **Krisenanfälligkeit** der heutigen Systeme ist als recht hoch einzustufen. Das für ökonomische Prozesse wesentliche **Vertrauensniveau** muss man als eher niedrig ansehen, d. h. die Sorge, irregeführt, betrogen oder unfair behandelt zu werden, ist deutlich spürbar (Stiglitz, 2024, S. 32, 209 und 212).

Diese Systemschwächen, soweit sie wahr- und ernst genommen werden, könnten dazu führen, dass das **neoliberale Modell** zunehmend mit Zweifeln konfrontiert wird und **an Zugkraft verliert.** Möglicherweise markierte die weltweite Finanz- und Wirtschaftskrise ab 2007 den Scheitelpunkt des Neoliberalismus – zumindest für eine bestimmte Zeit. Dieser Einbruch zeigte nämlich verheerende Schwächen der Deregulierung des internationalen Finanzsystems auf und machte massive staatliche Eingriffe zur Rettung der Ökonomie erforderlich (Stiglitz, 2024, S. 41). Die mittelfristige Tendenz ist vermutlich durch ein hohes Maß an staatlicher ökonomischer Aktivität geprägt.

Schlussfolgerungen für ein neu ausgerichtetes Wirtschaftsmodell

3

Die kritische Betrachtung der **heute vorzufindenden ökonomischen Realität** im vorangegangenen Kapitel machte eine ganze Reihe **gravierender Schwachpunkte** deutlich. Diese müssen den Anlass geben, nach Verbesserungen in der Praxis zu suchen. Sie können zunächst aber auch dazu herangezogen werden, **Schlussfolgerungen für ein neu ausgerichtetes Wirtschaftsmodell** bzw. eine angepasste Ökonomieschule abzuleiten und von entsprechenden Gestaltungsoptionen Gebrauch zu machen. Die diesbezüglichen Überlegungen sind grundsätzlicher Natur, also nicht auf bestimmte Volkswirtschaften beschränkt. Darüber hinaus fließen auch Aspekte der Beziehungen zwischen den Volkswirtschaften, insbesondere zwischen reicheren und ärmeren Ländern ein.

Wesentliche Prinzipien und Elemente zur Neuausrichtung der (anwendungsorientierten) Theorie werden nun dargelegt. Hierbei kann auf Korrekturanregungen von Joseph E. Stiglitz[1] zurückgegriffen werden. In seinem Ansatz des „progressiven Kapitalismus" („progressive capitalism") – von ihm selbst alternativ auch als „modernisierte Sozialdemokratie" („rejuvenated social democracy") bezeichnet –, umfasst der Begriffsbestandteil „Kapital" nicht nur die finanzielle Komponente, sondern daneben auch menschliches, intellektuelles, soziales und natürliches Kapital als Grundlage unserer Ökonomie (Stiglitz, 2024, S. 264 und 277).

---

[1] Joseph E. Stiglitz: Professor für Wirtschaftswissenschaften an der Columbia University, New York, u. a. Empfänger des Alfred-Nobel-Gedächtnispreises für Wirtschaftswissenschaften, ehemaliger Politikberater unter Präsident Clinton, ehemaliger Chefökonom der Weltbank und aktuell Chefökonom des Roosevelt-Instituts, New York.

In die Schlussfolgerungen für ein neu ausgerichtetes Wirtschaftsmodell fließen weitere Anstöße ein, u. a. auch die Gedanken von Thomas Piketty. Seine Skizzierung eines „demokratischen Sozialismus" hat keine nennenswerten Berührungspunkte mit den historischen und heute praktizierten sozialistischen Ordnungen. Der Hauptansatzpunkt liegt in der Reduzierung extremer Ungleichheiten bei Einkommen und Vermögen (Piketty, 2022, S. 155 und 166 f.).[2]

Die Ökonomie ist ein sich selbst stetig veränderndes, komplexes Gebilde. Bei der Erwartungshaltung an Wirtschaftsmodelle bzw. Ökonomieschulen und an ihre Anwendung muss man sich darüber im Klaren sein, **nie die volle Kontrolle** ausüben zu können. Unter Beachtung der Grenzen des Erreichbaren geht es vielmehr darum, Strukturmerkmale für ein angepasstes ökonomisches Leitmodell vorzugeben, das für das Gesamtgefüge der Gesellschaft die besten Ergebnisse erwarten lässt. Dies ist im Übrigen nicht gleichbedeutend mit dem Optimum aus der Sicht jeder und jedes Einzelnen (Stiglitz, 2024, S. 264 ff.). Das modifizierte **Gedankengebäude sollte dazu geeignet sein, in der Lehre zum Einsatz zu kommen und zudem auch der Steuerung der Wirtschaftspraxis zugrunde gelegt werden zu können.**

3.1 Sozialvertrag als Basis

Als Grundlage einer Neuausrichtung sollen wesentliche Punkte eines sogenannten „Sozialvertrages" vorgestellt werden: Ein **Sozialvertrag** definiert die **Beziehungen der Bürger untereinander und mit der Regierung** – ohne dass hier ein Abkommen explizit aufgesetzt und unterzeichnet wird. Es geht dabei um den größtmöglichen Nutzen für die Gesellschaft in ihrer Gesamtheit (Stiglitz, 2024, S. 13 und 86).

Für diese Überlegungen ist ein Gedankenexperiment hilfreich: Was würde jede und jeder Einzelne hinter dem Schleier des Nichtwissens für das ökonomisch-politisch-gesellschaftliche Gebilde wollen? **„Veil of ignorance"** bedeutet dabei, dass man bei der Formulierung seiner Wünsche für das Gesamtsystem nichts über seine eigene gesellschaftliche Stellung oder auch über bestimmte eigene Persönlichkeitsmerkmale weiß, d. h. ob man arm oder reich ist, welcher Generation man angehört, welche Risikoneigung man hat usw. (Rawls, 1999, u. a. S. 11 und 118 ff.). Insbesondere soll man sich dadurch von dem Bestreben zur

---

[2] Die Gedanken von Thomas Piketty werden nicht als Gesamtkonstrukt einer ökonomischen Schule gewertet, sondern als konzeptionelle Überlegungen zur Wirtschaftstransformation auf der Basis einer breit und tief angelegten Analyse von Einkommens- und Vermögensungleichheiten.

3.1 Sozialvertrag als Basis

ausschließlichen Verbesserung der tatsächlich gegebenen persönlichen Umstände lösen. Diese gedankliche Ausgangssituation für die Formulierung konkreter Vorstellungen ähnelt im Übrigen der Rolle des „**impartial spectator**" bei Adam Smith (häufig angeführter Charakter bei Smith, 1759). Hierbei sind u. a. **trade-offs bezüglich individueller Freiheiten** abzuwägen: Wessen Freiheit soll evtl. geschmälert werden – z. B. durch Besteuerung –, um die Freiheit anderer bzw. der Gemeinschaft – z. B. im Hinblick auf die Entwicklungsmöglichkeiten aller – zu erhöhen (Stiglitz, 2024, S. 87 und 100)?

Es dürfte weithin unstrittig sein, dass dem gesamtgesellschaftlichen Gefüge Versicherungen gegen allgemeine Lebensrisiken guttun. Arbeitslosen-, Kranken- und Pflegeversicherung sowie eine Absicherung für den Ruhestand fallen hierunter. Private Märkte liefern in diesem Dienstleistungssegment keine überzeugenden Lösungen, sodass der Staat bzw. von ihm beauftragte Institutionen aktiv werden müssen und zu dem Zweck auch mit den erforderlichen finanziellen Mitteln auszustatten sind. Das Aufbringen dieser Mittel schränkt die Verfügungsfreiheit der Abgabepflichtigen ein, sorgt aber für eine Erweiterung der persönlichen Entfaltungsmöglichkeiten der meisten Bürger und für ein stabileres Gesamtgefüge. **Sozialversicherung** ist eine gesellschaftliche Innovation der vergangenen 150 Jahre, in vielen Staaten bis zu einem gewissen Grad implementiert, meist aber noch verbesserungswürdig (Stiglitz, 2024, S. 94 ff.).

Ganz ähnlich verhält es sich mit Unterstützungsleistungen für junge Menschen, die in die Lage versetzt werden sollen, ihr Potenzial weitestgehend auszuschöpfen. Es dürfte wiederum breiter Konsens vorherrschen, dass ein idealerweise frei zugängliches Bildungssystem und entsprechende Leistungen im Gesundheitswesen gute **Investitionen in die jüngere Generation** darstellen. Nicht zuletzt werden hierdurch auch die ökonomischen Aussichten der Zukunft gestärkt.

An dieser Stelle kommen wir zu einem kontrovers diskutierten Bereich mit **sehr weitreichenden Leistungen des Staats** für alle Bürger. Sollte ein Sozialvertrag auch Elemente wie ein *Basiseinkommen* als finanzielle Grundlage, eine *garantierte Beschäftigung* oder eine *minimale Erbschaft* für jüngere Menschen beinhalten, und dies finanziert durch ein System ausgeprägt progressiver Besteuerung von Einkommen, Vermögen und Erbschaften, wie Thomas Piketty es vorschlägt (Piketty, 2022, S. 156 ff.)? Diese Bausteine werden in der Literatur recht intensiv diskutiert, in Forschungsprojekten untersucht, in der Praxis getestet und z. T. auch schon umgesetzt. Pilotversuche und auf Dauer angelegte Implementierungen lassen durchaus positive Schlüsse zu, wie im Fall eines (bescheidenen) Basiseinkommens, auch als „solid cash floor" bezeichnet (z. B. Dixson-Declève et al., 2022, S. 88 f.; Ferguson, 2024).

Die Einstellung dazu, ob solche weitreichenden Leistungen Bestandteile eines Sozialvertrages sein sollten, wird je nach den *realen* persönlichen Lebensumständen, insbesondere auch der persönlichen Einkommens- und Vermögenssituation, unterschiedlich und vermutlich oftmals reserviert ausfallen. Es ist aber davon auszugehen, dass diese Elemente bei Annahme der *hypothetischen* Situation hinter dem „*veil of ignorance*" eine deutlich breitere Zustimmung finden werden. Der Autor dieser Zeilen hält es für sinnvoll, solche Bausteine neben anderen in Erwägung zu ziehen und ggf. schrittweise und mit Augenmaß zu testen, einzuführen bzw. bestehende Leistungssysteme entsprechend zu ergänzen. Weitere Untersuchungen zum Nutzen und zur Finanzierung, letztlich also auch Abwägungen von trade-offs zwischen gesellschaftlichen Gruppen, sind für fundierte Entscheidungen in diesem Bereich erforderlich.

Gegensätzliche Haltungen werden auch in der Frage auftreten, welche Art der **Besteuerung** sozial gerecht ist und für das gesamte gesellschaftliche Gefüge das beste Ergebnis bringt. Wenn man intensive, auch kostenintensive staatliche Aktivität bejaht und sich die gravierenden Nachteile extremer ökonomischer Ungleichheiten vor Augen führt, kommt man an der Konstruktion einer (stark) progressiven Besteuerung nicht vorbei (Stiglitz, 2024, S. 98, 116 f. und 120).

Zahlreiche weitere Aspekte können in einen auf unsere heutigen Verhältnisse zugeschnittenen Sozialvertrag einfließen: Hierzu gehören adäquater **Arbeitnehmer- und Konsumentenschutz,** aber auch die möglichst weitgehende **Förderung von Unternehmen aller Größenordnungen** bezüglich ihres auf Dauer angelegten Bestandes, ihrer Versorgungsaufgaben auf den Märkten und ihrer Arbeitgeberfunktion.

Insgesamt gesehen bieten **sozialverträgliche Überlegungen** eine **hilfreiche Basis für die Neuausrichtung von Wirtschaftsmodellen** bzw. Ökonomieschulen. In vielfacher Hinsicht sind dabei trade-offs von Freiheiten abzuwägen.

3.2 Vielfältiges System

Ein erfolgversprechendes Wirtschaftsmodell beinhaltet ohne Zweifel eine **Vielzahl unterschiedlicher ökonomischer Einheiten.** Die Akteure treffen unter den vorgegebenen Rahmenbedingungen eigene Entscheidungen darüber, was zu tun ist und wie es getan wird. Das gute Funktionieren der Ökonomie fußt auf einem **Institutionenmix.** Hierzu zählen private, am Gewinnstreben ausgerichtete Unternehmen, aber z. B. auch private Non-Profit-Organisationen. Zudem sind auch öffentliche Einrichtungen in größerem Umfang ökonomisch aktiv. Staatliche Institutionen müssen auf unterschiedlichen Aggregationsstufen tätig werden, d. h. von der lokalen über die nationale bis zur globalen Ebene. Zur letzteren gehören auch die supranationalen Organisationen wie der IMF und die Weltbank.

Für **größere Teile der Ökonomie** sollte die **Gewinnorientierung** *nicht* **die primäre bzw.** *nicht* **die alleinige Zielsetzung** sein. Hierunter fallen u. a. die Sektoren Gesundheit, Pflege, Bildung und (Grundlagen-)Forschung. Das in Quantität und Qualität wünschenswerte Angebot ist in diesen Bereichen ansonsten kaum zu erreichen. Bezogen auf die gesamte Ökonomie gibt es Aufgaben, die besser von gewinnmaximierenden Unternehmen wahrgenommen werden können, und andere Funktionen, für deren Übernahme andersartige Institutionenformen besser geeignet sind. Außerdem müssen einer rückhaltlosen Gewinnmaximierung oder einer Maximierung des Shareholder Values, die ohne Beachtung der Kosten für den „Rest" der Ökonomie bzw. der Gesellschaft erfolgt, sinnvolle Einschränkungen entgegengesetzt werden (Stiglitz, 2024, S. 267 f.).

3.3 Dezentrale Marktorganisation

Die ökonomische Realität ist für einen umfassenden zentralen Planungsprozess zu komplex. Überlegungen zur Gestaltung einer effizienten Marktordnung müssen einerseits die Vorzüge dezentraler, von den eigenen Interessen geleiteter Marktkräfte aufgreifen, andererseits aber auch die zahlreichen Marktunvollkommenheiten in der Realität (zu den massiven Defiziten weitgehend freier Marktkräfte vgl. auch Raworth, 2017, S. 81 f.). Die logische Folge ist, nach einer **stark dezentral ausgerichteten Marktorganisation** zu suchen, **die den Unvollkommenheiten Rechnung trägt.**

Ein neu ausgerichtetes Wirtschaftsmodell muss insbesondere auch Mechanismen vorsehen, durch die die Macht einzelner Marktteilnehmer bzw. von Marktteilnehmergruppen begrenzt werden können: Dies bedeutet insbesondere den Schutz des Wettbewerbs und den Abbau von Markteintrittsbarrieren. Außerdem sollte ein ausgewogenes Machtverhältnis zwischen Arbeitgeber- und Arbeitnehmerseite angestrebt werden. Diese Aspekte erfordern staatliche Eingriffe zur Gestaltung der Marktordnung und werden in Abschn. 3.5 bei der Erörterung der Rolle des Staats in einer angepassten ökonomischen Schule noch näher ausgeführt.

3.4 Fairness im globalen Gefüge von reicheren und ärmeren Ländern

Das Erfordernis internationaler Kooperation und entsprechender Abkommen ist offensichtlich. Drängende Probleme wie der Klimawandel erfordern eine globale Herangehensweise. Zudem haben auch viele bereits primär ökonomische Phänomene weltumspannende Auswirkungen. Hierzu gehören z. B. die internationalen Kapitalflüsse und Investitionen.[3]

Wie im vorangegangenen Kapitel dargelegt wurde, weist die heutige Realität im globalen Gefüge zwischen reicheren und ärmeren Ländern in vielerlei Hinsicht **Unausgewogenheiten zum Nachteil der Entwicklungsländer** auf. Eine neu ausgerichtete ökonomische Schule sollte – z. B. dem Konzept des „veil of ignorance" folgend – nach Prinzipien aufgebaut sein, die **ein faires globales Wirtschaftssystem** vorsehen. Dies betrifft z. B. internationale Handels- und Investitionsvereinbarungen, die Definition geschäftsfreundlicher Volkswirtschaften sowie ein internationales Rahmenwerk zur Handhabung exzessiver Staatsschulden. Insbesondere auch die bedeutenden supranationalen Institutionen wie der IMF, die Weltbank und die WTO müssen in dieser Hinsicht richtungweisend sein und im eigenen Kurs, wo nötig, Anpassungen vornehmen.

3.5 Bedeutende Rolle des Staats

Kritiker an der bedeutenden ökonomischen Rolle des Staats beanstanden, bezogen auf demokratische Strukturen, die häufige *Kurzsichtigkeit der Politik,* die z. B. eher auf die nächsten Wahlen ausgerichtet ist als auf langfristige gesellschaftliche Interessen. In autoritär geführten Ländern erweist sich die *staatliche Machtkonzentration* als prekär. Die Gefahr *korrupten Handelns von Regierungsinstitutionen* ist regimeunabhängig.

Verfechter der neoliberalen Schule wenden im Hinblick auf intensive staatliche Aktivität in der Ökonomie zudem ein, dass es Regierungshandeln oft oder immer *an Effizienz mangele.* Tatsächlich gibt es nicht wenige Beispiele ineffizienter Regierungsprogramme, die übermäßig hohe Kosten verursachen, die drängenden Bedarfe verfehlen oder aus anderem Grund nicht erfolgreich sind.

---

[3] Im Hinblick auf die Regelung der internationalen Kapitalflüsse nahm der IMF nach der weltweiten Finanz- und Wirtschaftskrise ab 2007 eine Kurskorrektur vor: Demnach können zumindest anlassbezogen *Restriktionen* der Kapitalflüsse in Länder hinein und aus Ländern heraus sinnvoll sein. Dies lässt sich als Ansatzpunkt zur Kapitalmarktdeliberalisierung werten (Stiglitz, 2024, S. 249).

3.5 Bedeutende Rolle des Staats

Dem lässt sich aber gegenüberstellen, dass öffentliche Aufgabenabwicklung oftmals den Zweck erfüllt, im Sinn von gesamtgesellschaftlichen Zielen wirksam ist und eine akzeptable Wirtschaftlichkeit aufweist. Außerdem erweisen sich, wie ausgeführt, private Märkte auf vielen Gebieten wie in der Sozialversicherung als nicht leistungsfähig genug (Stiglitz, 2024, S. 98 und 275).

Den Märkten großzügig freien Lauf zu lassen, z. B. im Hinblick auf negative Externalitäten oder Verteilung von Einkommen und Vermögen, kann, wie man heute klar sieht, nicht die Lösung sein. **Politische Eingriffe** werden Fehler und Enttäuschungen mit sich bringen, sind aber nicht verzichtbar. Sie **müssen** vielmehr **breiten Raum einnehmen.** Sowohl aus erzielten Erfolgen als auch aus Fehlschlägen muss man Lehren ziehen.

Demnach ist in einem neu justierten Wirtschaftsmodell dem Staat eine Fülle von Aufgaben zuzuweisen, insbesondere was die Bereitstellung öffentlicher Güter und Grenzsetzungen durch Regulationen anbelangt. Zunächst soll auf einige grundlegende Leistungen eingegangen werden:

Der bereits mehrfach angesprochene **Bildungsbereich** ist ein fundamentaler Baustein für eine gut funktionierende Ökonomie und für die gesamte Gesellschaft. Ihn gänzlich oder überwiegend dem privaten Sektor zu überlassen, birgt große Risiken von Zugangsbeschränkungen, Versorgungsengpässen und Qualitätsdefiziten. Private Anbieter können wertvolle Beiträge leisten und die öffentlichen Einrichtungen z. B. im Hinblick auf die Betreuungsintensität oder die Flexibilität der Lehr-Lern-Modelle zum Teil auch übertreffen. Insgesamt ist jedoch der Staat gefordert, massiv in Bildung zu investieren, Ungleichheiten in der Zugänglichkeit des Bildungswesens abzubauen und entsprechende Infrastruktur bereitzustellen.

Analoges gilt für das **Gesundheitswesen.** Der Aufbau und Betrieb eines leistungsfähigen und für alle gleichermaßen zugänglichen Gesundheitssystems erfordert umfängliche staatliche Aktivität. Bildung und Gesundheit gehören zu den kritischen Bereichen, die bei gutem Funktionieren zugleich abschwächenden Einfluss auf das Ausmaß an ökonomischen Ungleichheiten haben. Eine Konstruktion mit tragenden öffentlichen Anteilen, ergänzt durch private Angebote, scheint am ehesten für zielgerechte Ergebnisse geeignet (Stiglitz, 2024, S. 273).

Zusätzlich zum Vorhalten von Infrastruktur geht es auch um das Einräumen der Möglichkeit, diese ohne unzumutbare Kosten in Anspruch zu nehmen, sowie um die finanzielle Absicherung für jede und jeden Einzelnen. Insofern besteht öffentlicher Handlungsbedarf im Bereich der **Sozialversicherungen,** also der Versicherung im Krankheitsfall oder bei Pflegebedürftigkeit, bei Arbeitslosigkeit, für die Versorgung im Ruhestand usw. Freie Märkte werden hier nicht für ein angemessenes Angebot sorgen (Stiglitz, 2024, S. 221).

Angesichts nicht ausbalancierter Machtverhältnisse in der Realität sollte ein Wirtschaftsmodell für das 21. Jahrhundert auf einen **Kräfteausgleich unter den ökonomischen Akteuren** ausgerichtet sein. In ein Gesamtgefüge von „checks and balances" gehört eine angemessene Verankerung der Rechte von Arbeitnehmenden und ihrer Vertreter als Gegenpol zu der Arbeitgeberseite bzw. zur Ermöglichung einer gleichgewichtigen Partnerschaft. Bei „liberaler" Sichtweise ist die Auffassung anzutreffen, das Marktgleichgewichtsmodell konsequent auch auf die Arbeit als angebotenes und nachgefragtes Gut anzuwenden. Dies lässt die Schlussfolgerung zu, dass Arbeitslosigkeit entsteht, wenn die Lohn- und Gehaltsforderungen zu hoch sind, oder umgekehrt, keine Arbeitslosigkeit auftritt, wenn Löhne und Gehälter nur (nach unten) flexibel genug sind. Eine solche Sichtweise wird von anderen Ökonomen äußerst kritisch beurteilt und z. B. als „blame-the-victim-school" bezeichnet. Wenn man den Marktmechanismen bezüglich des Produktionsfaktors Arbeit freien Lauf zugesteht, ist u. a. mit einer gravierenden Zunahme ökonomischer Ungleichheiten zu rechnen. Im Ergebnis sollte eigentlich kein Zweifel daran bestehen, dass der Staat mit zum Austarieren der Marktkräfte und Machtverhältnisse sorgen muss (Stiglitz, 2024, S. 132, 217, 222 und 226).

Die öffentliche Beteiligung an der **Forschung,** insbesondere der Grundlagenforschung, setzt entscheidende Innovationsimpulse. Insgesamt ist die Organisation des **Innovationssystems,** d. h. der Rahmenbedingungen dafür, neues Wissen zu generieren, wesentlich für die ökonomisch-gesellschaftliche Fortentwicklung. Letztlich geht es darum, auch *breit gestreuten Nutzen* zu bewirken. Hiermit hängt die Definition der Rechte geistigen Eigentums, insbesondere der Patentrechte, eng zusammen. Eine ausufernde Inanspruchnahme dieser grundsätzlich sinnvollen Schutzmechanismen, etwa zum möglichst weitgehenden Ausbau der eigenen Marktmacht, kann das ökonomische Gefüge schädigen und die Versorgung beeinträchtigen (Stiglitz, 2024, S. 72 und 137 ff.).

Die Gewährleistung der **Medienfreiheit und -diversität** ist ein weiteres Grundanliegen – bei gleichzeitiger Grenzsetzung im Hinblick auf missbräuchliche oder kriminelle Nutzung. Ein auf exzessiven ökonomischen Ungleichheiten fußender, wesentlicher Missstand liegt in der Medienbeherrschung durch extrem finanzstarke Akteure. Eine große Gefahr besteht dann in einer Berichterstattung, die dem Machtausbau und der Vermögensmehrung einer Minorität dienen soll. Ein irreführendes Narrativ in diesem Sinne wäre z. B., dass Märkte für gewöhnlich aus sich selbst heraus effizient sind und Regierungen die jeweilige Lage durch ihre Eingriffe regelmäßig ruinieren (Stiglitz, 2024, S. 292). Die Umstände der Berichterstattung sind natürlich ganz anders geprägt, wenn wie in autoritär geführten Staaten üblich die Regierungen selbst die Medienkontrolle ausüben und für ihre Zwecke einsetzen. In diesen Fällen kann bisweilen durch Druck von

3.5 Bedeutende Rolle des Staats

außen und durch weltweit verfügbare Informationskanäle ein gewisses Korrektiv geschaffen werden.

Aus den nicht erfüllten Annahmen des Marktgleichgewichtmodells in der Praxis und den Unvollkommenheiten der heutigen ökonomischen Systeme resultieren weitere staatliche Aufgaben, darunter die folgenden:

- Aufgrund zahlreicher Faktoren, die den **Wettbewerb** einschränken, ist der Staat als Instanz zur Gewährleistung einer gesamtwirtschaftlich wünschenswerten Konkurrenzintensität gefordert. Eine effektive Gesetzgebung gegen Wettbewerbsbeeinträchtigungen und entsprechende Aufsichtsmechanismen sind unentbehrliche Bestandteile der Marktpolitik. Es handelt sich hierbei um eine anspruchsvolle Aufgabe, allein wenn man an wettbewerbswidriges Verhalten in Form von stillschweigend abgestimmtem Verhalten denkt (Stiglitz, 2024, S. 131 und 217).
- **Unvollkommene Information** steht einer effektiven Funktionsweise der Märkte entgegen. Transparenzdefizite, z. B. Informationsasymmetrien zulasten der Nachfragenden können für diese schwerwiegende Folgen haben und zu einer erheblichen Verfehlung eines Gleichgewichts führen. Das von Verfechtern möglichst freier Marktprozesse anempfohlene Prinzip „caveat emptor", d. h. „möge der Käufer sich vorsehen", bietet keinen verlässlichen Lösungsansatz. Die erforderliche Informationsbeschaffung ist für den potenziellen Käufer oftmals nicht möglich oder mit hohem Aufwand verbunden. Daher ist Gegensteuerung vonnöten, z. B. eine Offenlegungspflicht für relevante Informationen mit begleitender Aufsicht.
- Bei Realisierung sehr hoher Gewinne im Unternehmenssektor aufgrund einer besonderen Marktlage kann die Erhebung einer **Übergewinnsteuer** („windfall profits tax") geprüft werden. Eine solche fallgebundene Besteuerung könnte zugleich als Redistributionsmaßnahme wirken.[4]
- **Negative Externalitäten** von Marktaktivitäten haben in unserer Zeit ein großes Ausmaß angenommen. Besonders gravierend sind ökologische Schäden. Die staatliche Antwort wird sich kaum auf eindimensionale Maßnahmen wie Anpassungen im Preismechanismus beschränken können. Vielmehr verspricht

---

[4] Die Auffassungen zu Übergewinnsteuern sind sehr gespalten: Während Stiglitz sie vehement fordert (Stiglitz, 2024, S. 128 f.), gibt es in Deutschland aus der Wissenschaft heraus eine Stimme des dringlichen Abratens – wegen Gefahren für die Ressourcenlenkung und die Innovationskraft der Ökonomie: Die Gewinnminderung durch Besteuerung würde nämlich Eintritte in das betreffende Marktsegment und die Beteiligung der Unternehmen an Innovationswettläufen unattraktiv machen (Wissenschaftlicher Beirat beim Bundesministerium der Finanzen, 2022, S. 5).

eine *Paketlösung* Aussicht auf Erfolg. Dies lässt sich bei CO_2-Emissionen von Produktionsprozessen unmittelbar nachvollziehen, angesichts derer Instrumentenbündel unter Einschluss der Festlegung von Emissionsgrenzwerten, der Besteuerung verbleibender Schadstofffreisetzungen, der Reduzierung von Subventionen für fossile Brennstoffe und der Durchführung bzw. Förderung technologischer Innovationen adäquat sind (Stechemesser et al., 2024, S. 6 f.; Stiglitz, 2024, S. 64 ff. und 218 f.). Pakete korrigierender Eingriffe bieten sich auch für die Gegensteuerung bei anderen negativen Externalitäten an wie beim Eingehen exzessiver Risiken durch Finanzinstitutionen oder bei dem Einräumen von Steuervermeidungsoptionen durch bestimmte Staaten (Stiglitz, 2024, S. 218 f. und 240).

Wenn sich durch Regierungshandeln und entsprechende Ausgaben ein hoher **öffentlicher Schuldenstand** entwickelt, werden dadurch einerseits die öffentlichen Haushalte belastet – oftmals mit generationenübergreifenden Auswirkungen. Hierbei ist andererseits zu berücksichtigen, dass aus sinnvollen, schuldenfinanzierten Investitionen auch „Aktiva" resultieren – analog der bilanziellen Handhabung in privatwirtschaftlicher Sicht. Öffentlichen Verbindlichkeiten können insofern öffentliche „Vermögenspositionen" gegenübergestellt werden (Stiglitz, 2024, S. 59). Selbstverständlich kann dies nicht ausufernde öffentliche Verschuldung rechtfertigen, bei der der staatliche Handlungsspielraum durch den Schuldendienst stark eingeschränkt wird oder etwa auch eine hohe Abhängigkeit von ausländischen Kapitalgebern entsteht.

An der **bedeutenden ökonomischen Funktion des Staats** in einem revidierten Wirtschaftsmodell sollte insgesamt **kein Zweifel** bestehen.

4 Schlussfolgerungen für die Wirtschaftstransformation

Für die Wirtschaftstransformation sind die folgenden Punkte entscheidend:

- Der **Transfer eines neu ausgerichteten Wirtschaftsmodells** in die ökonomische Praxis.

Außerdem müssen die gravierendsten negativen Folgeerscheinungen wirtschaftlicher Aktivität adressiert werden. Sie bedingen eigene Aufgabenbereiche, nämlich

- die **Verringerung der ökologischen Belastungen** und
- die **Reduzierung der ausufernden ökonomischen Ungleichheiten.**

Analog zu den Überlegungen in Kap. 3 sind die Ausführungen auf beliebige Volkswirtschaften weltweit und ihre Beziehungen untereinander bezogen.

4.1 Praxistransfer eines neu ausgerichteten Wirtschaftsmodells

Der entsprechend den Schlussfolgerungen des vorangegangenen Kapitels angepassten Theorie kann man die Eignung zusprechen, die ökonomische Lehre zu prägen und die politische Entscheidungsfindung zu unterstützen. Zudem könnte bzw. sollte ein solches Wirtschaftsmodell, soweit bislang noch nicht geschehen, in die ökonomische Realität einfließen, sodass sich in den gelebten Wirtschaftssystemen die aufgeführten Gestaltungselemente vom Sozialvertrag bis zur bedeutenden Rolle des Staats wiederfinden. Dies ist der eine an die Wirtschaftstransformation zu richtende Auftrag, also an den Schwachstellen der heute in der ökonomischen Realität vorzufindenden Systeme ansetzend

- ein entsprechend **angepasstes Wirtschaftsmodell** als Muster heranzuziehen und
- den **Transfer seiner Wesensmerkmale in die Praxis** zu leisten.

Hierdurch kommen hoch ambitionierte Anliegen zum Ausdruck. Werden solche Anregungen in nennenswertem Umfang in die ökonomische Praxis einfließen können? Wie sieht es also mit der **Umsetzbarkeit bzw. Gelingenswahrscheinlichkeit** aus? Die Absicht dieses Beitrags ist, ein Zukunftsbild aufzuzeigen, das vielleicht mit dem Ausdruck „realistische Utopie" gut beschrieben ist (vgl. z. B. Chandler, 2024, S. 14). Was politisch-ökonomisch erreicht werden kann, ist nicht vorherbestimmt. Umsetzungsschritte bedürfen großer Entschlossenheit, der Überwindung von Widerständen und auch der Bereitschaft, Experimente einzugehen und Versuchslösungen Raum zu geben.

Der **Finanzbedarf** für die anzustrebenden Anpassungen der Ökonomie ist gewaltig. Er darf aber nicht als genereller Ausschlussgrund der Umsetzbarkeit missbraucht werden. Es stehen Wege der **Mittelaufbringung** zur Verfügung, wie durch eine international abgestimmte, intensivere Besteuerung ausufernder Einkommen und Vermögen, die Eindämmung von Steuervermeidung und -hinterziehung oder die Bereinigung von Subventionen. Außerdem wird nicht adäquates Handeln in vielerlei Hinsicht durch äußerst hohe **Folgekosten eintretender Schäden** bestraft werden – wofür die fortschreitende Erderwärmung nur ein Beispiel darstellt.

4.2 Reduzierung der ökologischen Belastungen

Zur Handhabung von negativen Externalitäten kann man u. a. nach dem Prinzip verfahren, dass der Belastende für den verursachten Schaden zahlt. Dies gilt insbesondere auch für Umweltschädigungen.

Die gedanklichen Begründer des Neoliberalismus waren sich der **Umweltexternalitäten** bewusst, wiesen ihnen jedoch eine eher untergeordnete Bedeutung zu und vertrauten zur Lösung gänzlich auf den Preismechanismus:

> „Nor can certain harmful effects of deforestation, or of some methods of farming, or of the smoke and noise of factories, be confined to the owner of the property in

question or to those who are willing to submit to the damage for an agreed compensation. In such instances we must find some substitute for the regulation by the price mechanism." (Hayek, 1994 (Erstausgabe 1944), S. 44).

Von *staatlichen* Korrekturmaßnahmen ist dabei nicht explizit die Rede. Falls staatliche Eingriffe durch die Formulierung doch implizit zum Ausdruck gebracht werden sollten, wären es Preiskorrekturen – also z. B. Emissionssteuern. Diese Herangehensweise ist angesichts der Entstehungszeit der Schule in den 1940er Jahren nachvollziehbar, als Ansatz zum Umgang mit den heutigen Gegebenheiten aber unzureichend.

Eine zeitgemäße Handhabung der mittlerweile äußerst schwerwiegenden ökologischen Problemlage erfordert über Preisanpassungen hinausgehend **Pakete von Regierungsmaßnahmen**, die zusätzlich auf die Schädigungen bezogene Mengenregulierungen sowie die Durchführung bzw. Förderung technologischer Innovationen umfassen. Dies wurde im vorangegangenen Kapitel am Beispiel der CO_2-Emissionspolitik dargelegt (Stechemesser et al., 2024, S. 6 f.; Stiglitz, 2024, S. 64 ff. und 218 f.; zur Bedeutung von *Quantitäts*regulierungen vgl. Weitzman, 1974, S. 477, 487 und 490).

4.3 Reduzierung exzessiver ökonomischer Ungleichheiten

Die Argumentation des modernen Wirtschaftsliberalismus beinhaltet, dass die Erfolge freier Märkte trotz der Erzeugung ökonomischer Ungleichheiten über den „trickle-down-Effekt" allen zugutekommen. Diese Aussage bzw. Wunschvorstellung lässt sich allerdings nicht aufrechterhalten. Der Effekt des Durchsickerns von Einkommens- und Vermögenszuwächsen an der Spitze der Pyramiden zu allen ist in der Realität nicht nachweisbar (z. B. Stiglitz, 2013, S. xvi, 8 f., 26 und 193).

Weiterhin wird gegen eine Reduzierung von Ungleichheiten eingewendet, dass auch sehr hohe Einkommen und Vermögen wegen der dafür eingesetzten Mühen derjenigen, die sie erlangt haben, gerechtfertigt seien. Zudem sei Besteuerung ganz grundsätzlich eine Beschneidung der persönlichen Freiheit, über Geldmittel nach den eigenen Wünschen zu verfügen (Stiglitz, 2024, S. 104 f., 117 f. und 120).

Andererseits muss man konstatieren, dass **Einkommens- und Vermögensdivergenzen exzessive Ausmaße** haben und dass ausufernden ökonomischen Ungleichheiten eine Reihe **schwerwiegender negativer Auswirkungen bzw.**

Gefahrenmomente anzulasten ist, z. B. sinkende Arbeitsproduktivität oder die Gefährdung demokratischer Strukturen.

Insgesamt führen die negativen Aspekte eindeutig zu dem Schluss, die Reduzierung von exzessiven Einkommens- und Vermögensungleichheiten ganz konkret zum Gegenstand politischer Lenkung der Ökonomie zu machen. Dem liegt auch die Überzeugung zugrunde, dass verbesserte Entwicklungsmöglichkeiten von einkommens- und vermögensschwächeren Menschen durch angemessene Inanspruchnahme derjenigen an den Pyramidenspitzen für die Gesellschaft als Gesamtgefüge von Nutzen sind, entsprechende trade-offs also für das Gesamtsystem förderlich wirken. Bei den Verteilungsanpassungen geht es nicht um Egalisierung bzw. die Beseitigung sämtlicher ökonomischer Ungleichheiten. So werden finanzielle Anreize ihre Bedeutung behalten, sollten sich allerdings im tragbaren Ausmaß bewegen (Stiglitz, 2024, S. 204 und 272 f.).

Ein wesentliches Instrument zur Umverteilung ist die (stark) progressive Besteuerung sehr umfänglicher Einkommen, Vermögen und Erbschaften. Für eine solche Herangehensweise wird der Begriff **„Redistribution"** verwendet. Der Staat kann und sollte andererseits aktiv werden, um ausufernden Ungleichheiten *von vornherein entgegenzuwirken*. Dies wird durch den Terminus **„Predistribution"** zum Ausdruck gebracht. In diesen Bereich fallen Maßnahmen wie die Festlegung von Mindestlöhnen, die Stützung von Arbeitnehmerrechten oder Investitionen in ein für alle zugängliches Bildungs- und Gesundheitswesen. Auch hoch angesetzten Einkommensteuerspitzensätzen ist eine „predistributive" Wirkung zuzusprechen, weil sie in vielen Fällen dazu führen, dass extrem hohe Arbeitseinkommen erst gar nicht gezahlt werden (Hacker, 2013; Piketty, 2022, S. 137 f. und 157; Stiglitz, 2024, S. 88, 120 und 225).

4.4 Weitere Konsequenzen für eine erfolgreiche Wirtschaftstransformation

Der große Auftrag der Wirtschaftstransformation ist es, unter Umsetzung eines korrigierten Wirtschaftsmodells eine Lenkung der Ökonomie vorzunehmen, durch die die dringlichen Schwachstellen mit einem stark auftretenden Staat, aber unter Wahrung der konstruktiven Marktkräfte und der Dynamik des Unternehmenssektors wirksam angegangen und gelöst werden. Vielleicht weist hierfür ein Begriff wie „sozial-ökologische Marktwirtschaft" in die richtige Richtung.[1]

---

[1] Mittelstaedt verwendet bei anderer Reihung der Attribute den Begriff „ökosoziale Marktwirtschaft": Mittelstaedt, 2021, S. 42 f.

4.4 Weitere Konsequenzen für eine erfolgreiche ...

Wenn Unternehmen und private Haushalte im Wesentlichen „frei" agieren, ist bedauerlicherweise mit sehr bedrohlichen Nebenwirkungen zu rechnen. Für die folgerichtige Steuerung der Ökonomie wird ein **starker Staat** benötigt, der auch **mit massiven Widerständen umgehen** kann. Der **Staat muss allerdings ebenfalls gelenkt werden.** Was er bislang tut, ist in wesentlichen Punkten nicht das Richtige. Zu einem solchen Schluss muss man für sehr viele Länder weltweit kommen: Bei der bisher unzureichenden Herangehensweise an die massive ökologische Schieflage wird dies besonders deutlich, und bezüglich ausufernder ökonomischer Ungleichheiten wird beinahe völlige Zurückhaltung geübt. Es ist von großer Bedeutung, den Herausforderungen der Wirtschaftstransformation mit einem **multilateralen, kooperativen Ansatz** zu begegnen, bei dem die ärmeren Nationen angemessen einbezogen und unterstützt werden.

Zur Herbeiführung der erforderlichen Änderungen ist eine allmähliche Anpassung in kleineren Schritten nicht ausreichend. Andererseits birgt ein umsturzartiger Wandel schon aus der Historie folgernd eigene Risiken und kann nicht als vielversprechend eingeschätzt werden. Der dritte, momentan wohl aussichtsreichste Weg besteht darin, bei Aufrechterhaltung wesentlicher Grundsätze vieler heutiger Systeme wie einer demokratischen, marktwirtschaftlichen Ordnung einen **radikalen Wandel** zu vollziehen. Wirtschaftstransformation muss auf eine Konstruktionsänderung der Ökonomie hinauslaufen, die alle Regulationen und Institutionen einschließt (Stiglitz, 2024, S. 235 und 271; analog z. B. auch Dixson-Declève et al., 2022, insbes. S. 20 f.). Krisen vermögen Anstöße für außerordentliche Veränderungen zu geben. Insofern liefern die gegenwärtig schon fatalen und noch weiter zunehmenden Schäden des Klimawandels vielleicht Impulse für eine energische, zielgerechte Umgestaltung.

Zusammenfassung und ergänzende Aspekte 5

Abb. 5.1 zeigt in groben Zügen die **Entwicklungsgeschichte wesentlicher Wirtschaftsmodelle** bzw. ökonomischer Schulen zusammen mit **Gestaltungsprinzipien eines neu ausgerichteten Modells.**

Die kritische Betrachtung der heute in der Praxis vorzufindenden Systeme und die Schlussfolgerungen daraus für **ein angepasstes Wirtschaftsmodell** führen zu den im unteren Teil der Abbildung aufgeführten Grundsätzen. Insbesondere lassen die Erkenntnisse keinen Zweifel daran zu, dass dem Staat im ökonomischen Kontext eine tragende Rolle zuzuweisen ist.

Wirtschaftstransformation hat zur Aufgabe, diese theoretischen Ansätze in der ökonomischen Praxis zu verankern, und daneben den großen aus wirtschaftlicher Aktivität resultierenden Herausforderungen unserer Zeit Rechnung zu tragen, d. h. die Reduzierung von ökologischen Belastungen und von ausufernden ökonomischen Ungleichheiten entschlossen anzugehen.

Wirtschaftswachstum als ökonomisches Ziel ist umstritten. Stiglitz beispielsweise zeigt sich grundsätzlich als Befürworter von Wachstum. Allerdings wird bei ihm hin und wieder auch eine gewisse Relativierung deutlich, z. B. wenn er fordert, den Materialismus soweit zu beschränken, dass wir im Rahmen der Möglichkeiten des Planeten leben, oder wenn er von dem Wohlergehen aller Bürger spricht, das über materielle Güter hinausgeht (Stiglitz, 2024, S. 165 und 264).

Die in dieser Abhandlung angestellten Überlegungen führen unausweichlich zu dem Schluss, dass Wachstum wegen der gegenwärtigen Konflikte mit existenziellen Erfordernissen der Ökologie **infrage zu stellen** ist. So schwer es fallen mag, muss nach Alternativen zum generellen, fortgesetzten Wachstumsstreben gesucht werden.

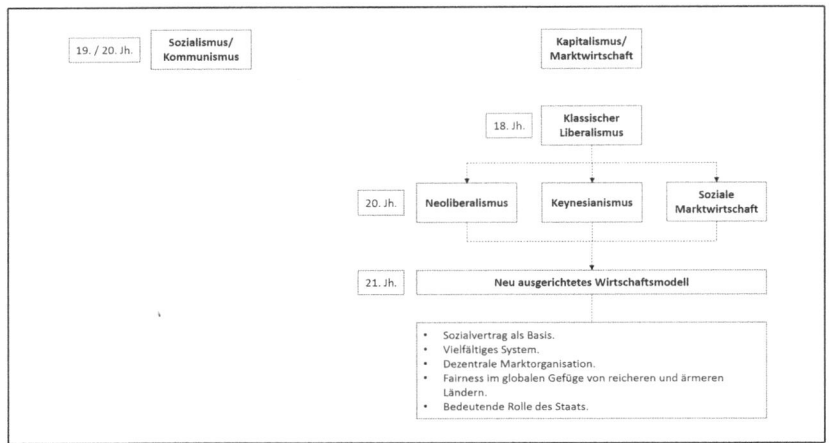

Abb. 5.1 Zeitliche Abfolge von Wirtschaftsmodellen bzw. Ökonomieschulen.[1] (Quelle: eigene Darstellung)

An einer Neuausrichtung von Wirtschaftsmodellen und einer Wirtschaftstransformation, die zwar radikalen Wandel vorsehen, aber auf **bestehenden Strukturen** – Marktwirtschaft und Kapitalismus – aufsetzen und diese **beibehalten** möchten, kann sich **Kritik** entzünden. Die entsprechende Aussage und sich daran anschließende Fragestellung lauten dann z. B.: Kapitalismus in der jetzigen Form hat großen Anteil an der Herbeiführung der heutigen inakzeptablen Zustände – insbesondere im Hinblick auf die ökologischen Schäden und die Einkommens- und Vermögensverteilung. Und gerade der Kapitalismus soll uns aus dieser Situation auch wieder herausführen?

Die in diesem Beitrag zur Diskussion gestellte Antwort läuft tatsächlich darauf hinaus, auf der heutigen Form von Kapitalismus und Marktwirtschaft aufbauend Anpassungen vorzunehmen, allerdings in dem erforderlichen großen Ausmaß. Ein vielfältiges ökonomisches System, in dem Privateigentum an den Produktionsmitteln und dezentrale Entscheidungen wichtige Bestandteile sind, in dem außerdem der Staat eine bedeutende Rolle einnimmt, könnte die bestmögliche Lösung sein. Ein solches System ließe sich wie bereits ausgeführt durch den Terminus „sozial-ökologische Marktwirtschaft" recht gut charakterisieren.

---

[1] Eine nach *Urhebern bzw. Autoren* systematisierte Darstellung findet man bei Samuelson & Nordhaus, 2010, S. 718 f. („family tree of economics").

Was Sie aus diesem *essential* mitnehmen können

- Kenntnisse über bedeutende Wirtschaftsmodelle
- Einen intensiven Einblick in die gravierenden Defizite der heute in der Praxis vorzufindenden ökonomischen Systeme
- Wesentliche Einsichten für ein neu ausgerichtetes Wirtschaftsmodell und für die Wirtschaftstransformation

© Der/die Herausgeber bzw. der/die Autor(en), exklusiv lizenziert an Springer Fachmedien Wiesbaden GmbH, ein Teil von Springer Nature 2025
J. Wolf, *Neuausrichtung von Wirtschaftsmodellen bzw. Ökonomieschulen*, essentials, https://doi.org/10.1007/978-3-658-48249-7

Literatur

Acemoglu, D. (2023): Distorted innovation: Does the market get the direction of technology right? *AEA papers and proceedings, 113*, 1–28.
Chandler, D. (2024): *Fair and equal – What would a fair society look like?* Penguin Random House.
Cingano, F. (2014): *Trends in income inequality and its impact on economic growth.* OECD social, employment and migration working papers, *163*.
Dixson-Declève, S., Gaffney, O., Ghosh, J., Randers, J., Rockström, J., & Stoknes, P. E. (2022): *Earth for all – A survival guide for humanity.* New Society Publishers.
Ewing, J. (2017, 06. Mai): Inside VW's campaign of trickery. *The New York Times.*
Ferguson, D. (2024): Money for nothing. *The Guardian Weekly, 211*(3), 41–44.
Freedom House. (2024): *Freedom in the world 2024.* https://freedomhouse.org/sites/default/files/2024-02/FIW_2024_DigitalBooklet.pdf. Zugegriffen: 28. Februar 2025.
Friedman, M. (1951, 17. Februar): Neo-liberalism and its prospects. *Farmand,* 89–93.
Friedman, M. (1970, 13. September): The social responsibility of business is to increase its profits. *The New York Times Magazine.*
Friedman, M. (1982) (Erstausgabe 1962): *Capitalism and freedom.* The University of Chicago Press.
Gallagher, K. P., & Kozul-Wright, R. (2022): *The case for a new Bretton Woods.* Polity Press.
Hacker, J. (2013, 12. Juni): How to reinvigorate the centre-left? Predistribution. *The Guardian.*
Hayek, F. A. (1994) (Erstausgabe 1944): *The road to serfdom.* The University of Chicago Press.
International Monetary Fund. (2023): Income inequality. https://www.imf.org/en/Topics/Inequality. Zugegriffen: 28. Februar 2025.
Javier Milei finally lugs key reforms through Argentina's senate. (2024, 13. Juni). *The Economist.* https://www.economist.com/the-americas/2024/06/13/javier-milei-finally-lugs-key-reforms-through-argentinas-senate. Zugegriffen: 25. Oktober 2024.
Javier Milei has turned Argentina into a libertarian laboratory. (2024, 20. Juni). *The Economist.* https://www.economist.com/the-americas/2024/06/20/javier-milei-has-turned-argentina-into-a-libertarian-laboratory. Zugegriffen: 25. Oktober 2024.
Keynes, J. M. (1926): *The end of laissez-faire.* The Hogarth Press.

Keynes, J. M. (2018) (Erstausgabe 1936): *The general theory of employment, interest, and money*. Palgrave Macmillan.

Mankiw, N. G. (2006): The macroeconomist as scientist and engineer. *Journal of Economic Perspectives, 20*(4), 29–46.

Mankiw, N. G. (2020): *Principles of economics*, 9. Aufl. Cengage.

Mazzucato, M. (2013): *The entrepreneurial state*. Anthem Press.

Milman, O., & Lakhani, N. (2024): The other petrostates – Heroes or villains? *The Guardian Weekly, 211*(5), 10–12.

Mittelstaedt, W. (2021): Wachstumswende – eine zwingende Notwendigkeit. In: H. Pechlaner, D. Habicher & E. Innerhofer (Hrsg.): *Transformation und Wachstum – Alternative Formen des Zusammenspiels von Wirtschaft und Gesellschaft* (31–49). Springer Gabler.

Moyer, M. (2012, 23. Juli): Yes, government researchers really did invent the internet. *Scientific American*.

Müller-Armack, A. (1990): *Wirtschaftslenkung und Marktwirtschaft* (Sonderausgabe. Erstauflage 1946). Paul Haupt.

Münchrath, J., & Olk, J. (2024, 15. März): Interview Stefan Kooths: „Milei ist ein Glücksfall für den Liberalismus". *Handelsblatt*. https://www.handelsblatt.com/politik/international/interview-stefan-kooths-milei-ist-ein-gluecksfall-fuer-den-liberalismus/100023164.html. Zugegriffen: 27. September 2024.

Nach Milei-Reformen: Jeder zweite Argentinier lebt in Armut. (2024, 27. September). *Handelsblatt*. https://www.handelsblatt.com/politik/international/nach-milei-reformen-jeder-zweite-argentinier-lebt-in-armut/100073657.html. Zugegriffen: 25. Oktober 2024.

O'Carroll, L. (2024): X „flooded" with false posts before EU elections. *The Guardian Weekly, 211*(3), 27.

Ongweso Jr, E. (2024): Global IT outage shows the dangers of monopolisation. *The Guardian Weekly, 211*(4), 17.

Piketty, T. (2022): *A brief history of equality*. The Belknap Press of Harvard University Press.

Rawls, J. (1999): *A theory of justice (revised edition)*. The Belknap Press of Harvard University Press.

Raworth, K. (2017): *Doughnut economics*. Penguin Random House.

Rockström, J., et al. (2023): Safe and just Earth system boundaries. *Nature, 619*, 102–111.

Samuelson, P. A., & Nordhaus, W. D. (2010): *Economics*, 19. Aufl. McGraw-Hill.

Smith, A. (1759): *The theory of moral sentiments*.

Smith, A. (1776): *An inquiry into the nature and causes of the wealth of nations*.

So radikal will Javier Milei Argentinien reformieren. (2024, 17. Januar). H*andelsblatt*. https://www.handelsblatt.com/politik/international/weltwirtschaftsforum-so-radikal-will-javier-milei-argentinien-reformieren/100007268.html. Zugegriffen: 25. Oktober 2024.

Stechemesser, A., Koch, N., Mark, E., Dilger, E., Klösel, P., Menicacci, L., Nachtigall, D., Pretis, F., Ritter, N., Schwarz, M., Vossen, H., & Wenzel, A. (2024): Climate policies that achieved major emission reductions: Global evidence from two decades. *Science, 385*, 884–892.

Stiglitz, J. E. (2013) (Erstauflage 2012): *The price of inequality*. Penguin.

Stiglitz, J. E. (2024): *The road to freedom*. W. W. Norton & Company.

Taylor, M. (2024, 15. August): Oil and gas lobbying reaches $72 million in first half of 2024. OpenSecrets. https://www.opensecrets.org/news/2024/08/oil-and-gas-lobbying-reaches-72-million-in-first-half-of-2024. Zugegriffen: 28. Februar 2025.

The Mont Pelerin Society. (1947): Statement of aims. https://www.montpelerin.org/Statement-of-Aims.html. Zugegriffen: 28. Februar 2025.

Weitzman, M. L. (1974): Prices vs. quantities. *Review of Economic Studies, 41*(4), 477–491.

Wissenschaftlicher Beirat beim Bundesministerium der Finanzen. (2022, 25. Juli): *Übergewinnsteuer*. Stellungnahme 03/2022. Hrsg.: Bundesministerium der Finanzen.

Wolf, J. (1987): *Industriebetriebliche Energienutzung und Produktionsplanung*. Physica.

World Bank Group. (2024): *Business ready 2024*.

World Inequality Database. (2025). https://wid.world: World View. Zugegriffen: 28. Februar 2025.

Stichwortverzeichnis

F
Friedman, Milton, 6, 7

H
Hayek, Friedrich, 6, 7
Homo oeconomicus, 4

I
International Monetary Fund (IMF), 14, 23, 24
Invisible hand, 4

K
Kapitalismus, 3, 48
   progressiver, 3, 31
Keynesianismus, 8, 48
Keynes, John Maynard, 8
Kommunismus, 2, 48

L
Laissez-faire-Theorien, 6
Liberalismus, klassischer, 3, 47

M
Marktwirtschaft, 3, 11
   soziale, 10, 48
   sozial-ökologische, 44
Müller-Armack, Alfred, 10

N
Neoliberalismus, 6, 48

O
Ökonomieschulen, 1
Ökonomische Systeme, heutige, 11
Organisation for Economic Co-Operation and Development (OECD), 22

P
Paket staatlicher Maßnahmen, 40, 43
Piketty, Thomas, 2, 32

S
Smith, Adam, 3, 4
Sozialismus, 2, 11, 48
   demokratischer, 2, 32
Standardmodell der Mikroökonomie, 18
Stiglitz, Joseph E., 3, 31, 47
System,ökonomisches, heutiges, 11
   Argentinien, 13
   Einkommens- und Vermögenskonzentration, 25
   fehlende Märkte, 19

Freiheit, 15
Informationsasymmetrien, 19
Innovationstätigkeit,
  Unvollkommenheiten, 21
internationaler Kontext,
  Unausgewogenheiten, 22
Märkte in der Realität, 18
Markteintrittsbarrieren, 20
negative Externalitäten, 21
neoliberaler Einfluss, 13
ökologische Belastungen, 24
Rolle des Staats, 26
unvollkommener Wettbewerb, 19
unvollkommene Transparenz, 19
Verhalten von Individuen, 16

T
Trade-off, 16, 33
Trickle-down-Effekt, 7, 43

V
Veil of ignorance, 32, 34

W
Wachstum, 11, 26, 47
Weltbank, 23
Wirtschaftsmodell, 1
  neu ausgerichtetes, 31, 47
  bedeutende Rolle des Staats, 36, 48
  dezentrale Marktorganisation, 35, 48
  Fairness im globalen Gefüge, 36, 48
  Sozialvertrag als Basis, 32, 48
  vielfältiges System, 34, 48
Wirtschaftstransformation
  Praxistransfer eines neu ausgerichteten
    Wirtschaftsmodells, 41
  Predistribution, 44
  Redistribution, 44
  Reduzierung exzessiver ökonomischer
    Ungleichheiten, 43
  Reduzierung ökologischer Belastungen,
    42
  Weg des Wandels, 45
World Trade Organization (WTO), 22

Z
Zentralverwaltungswirtschaft, 2

The manufacturer's authorised representative in the EU is Springer Nature Customer Service Centre GmbH, Europaplatz 3, 69115 Heidelberg, Germany. If you have any concerns regarding our products, please contact ProductSafety@springernature.com

Printed and bound by CPI Group (UK) Ltd, Croydon, CR0 4YY

23/03/2026

02076400-0004